数字化生活新趋势 书系

短视频

内容设计+营销推广+流量变现

向登付◎著

电子工业出版社
Publishing House of Electronics Industry
北京 · BEIJING

编 辑 声 明

1. 对于一些当前十分流行的网络用语，由于其不符合出版规范，我们采用了一些意思相近的词进行替代。如"屌丝"一词用"小人物""小粉丝"等词替代。

2. 为了真实呈现互联网时代的语言环境，书中的个别网络流行语，我们尽可能保留原汁原味，对于一些"重口味"词汇未进行模糊处理。

3. 书中观点仅为作者个人观点，不代表出版社立场。

前　言 ▶

随着新媒体行业的高速发展，不同的新媒体模式也在日益增多。其中，短视频运营已经成为深受广大用户喜爱的一种方式，团队与个人都希望通过短视频的方式做个人推广。不仅如此，企业与商家也从中看到了商机，于是，短视频运营也就随之被大家更重视了。在这种发展趋势下，短视频运营向着越来越专业化的方向发展。无论是企业还是团队，都需要优秀的短视频人才加入其中。

一次成功的短视频运营可以在最短时间内、在最大限度上吸引到用户的关注。而如果没能把握住用户的"痛点"，也难以产生预期的影响，甚至会适得其反。快手、抖音等短视频平台日益崛起，成了无数用户每日离不开的消遣娱乐方式。而淘宝、京东等电商，更是凭借短视频迅速引发"爆点"，其销售额急速增加。当然，这些成功实例的背后都是巧妙地运用短视频的强传播特性，吸引用户关注，并产生购买行为。

目前，短视频运营虽然已经投入到了实践当中，但是由于其发展时间较短，还未能形成一个完整的运作体系。在实践过程中，由于经验不足，短视频运营新手很容易犯下一些影响运营效果的错误。

在用户需求的获取上，常常会出现一些目标用户选取不够准确、数据收集出现错误，以及数据分析结果不够明显等错误。这就导致了短视频运营个人、团队或者企业在此后的运营路线制订上出现偏差，在此后的实践过程中也会因此遇到种种问题，甚至可能直接导致运营失败。

在短视频运营策划当中，运营者由于对不同平台的不同特点了解得不够清楚，往往可能会选取一些与平台契合度不高的运营手段，这样虽然进行了短视频运营，但是最终达到的效果却总是不佳，无法完成预期的目标。

本书写作的目的就是，希望通过对大量方法的阐述及实例的分析，来解决读者的上述困惑，期望大家在阅读本书后都有所收获。

目 录 ▶

第1章

短视频：内容创业的下一个"风口"

短视频是随着新媒体行业的不断发展应运而生的。短视频与传统的视频不同，由于其时长较短、入门简单等特性，深受许多创业者的青睐。短视频创业的关键点在于其内容的打造，高质量的内容可以使得短视频快速在用户之间传播，达到良好的运营效果。

1.1 短视频"风口"来临，引发下一波流量红利

"风口论"来自马化腾、李彦宏、杨元庆之间的讨论，指的是互联网领域内下一个能够快速赢利的爆发点。短视频在不断的发展过程中，行业也日趋完善，由于其在用户中的接受度较高，随着短视频"风口"的来临，短视频内容创业是创业者的一个极好的选择。

1.1.1 文娱内容消费需求持续升级

随着经济水平的不断提高，越来越多的用户对于文娱有了更高的追求。并且由于消费观念的转变，其中的大部分用户对于文娱领域内消费也越来越认可。用户在追求文娱消费的同时，对于内容的需求也在不断升级。短视频制作者为了满足用户的需求，就必须同样对自身的作品进行升级，这种升级是多维度的，如图1-1所示。

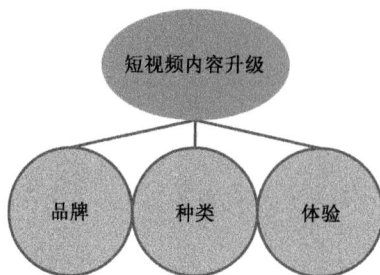

图1-1　短视频内容升级

1. 品牌

伴随着短视频这种形式被越来越多的用户所喜爱，许多企业也从中看到了商机，纷纷开始以短视频的形式来进行自身品牌的营销。品牌指的是企业向用户所提供的抽象化的、特有的一种含有经济价值的无形资产，是一个企业最具有代表性的标志。品牌所传递的是整个企业的文化内涵，是企业在个性塑造方面的一个鲜明的标志。

企业通过短视频的形式来营销自己的品牌，内容升级是企业将个性化品牌与用户自身相联系的一个过程。每个用户身上都有无数的标签，这些标签来源其家庭、阶级、地域及文化等生活中的方方面面，其常用的品牌自然也是其中之一。企业在进行短视频制作的时候，一方面要对其产品进行运营推广，另一方面也需要将自身的品牌文化传递给用户，从而谋求得到用户的认同。

2. 种类

短视频为用户带来的文娱内容消费方面的升级，还体现在种类这一方面。在传统的视频领域内，由于其制作经费较多以及周期较长，往往平台或团队所选择的内容方向都是迎合大众的喜好的。于是小众的爱好就很难被照顾到，这些用户的需求也就得不到满足。

短视频的兴起与发展，与其入门简单是分不开的。由于短视频的这一特点，每个人都可以使用这种方法来分享个人的喜好，打造具有独特性的内容。于是短视频的种类就在不断增多，内容也日趋多元化。这样就能保证每一个用户的需求、爱好都能在短视频领域内得到满足，从而推动行业的发展。

3. 体验

用户的体验是其能否享受文娱内容的关键。好的用户体验可以在很大程度上提升用户的满意度。短视频的出现使得用户的文娱生活的形式更加生动化。短视频由于其时长较短，可以提高用户享受文娱生活的效率。

随着科技的发展、智能设备的普及，用户对于智能手机的依赖也日趋加重，于是许多短视频平台都纷纷推出了手机客户端，取代了以往 PC 端的形式。如图 1-2 所示，可以看出短视频的参与人数在文娱的多种形式中所占的比例是最大的，相应的，产出的短视频数量也是最多的。总量巨大的短视频可以为用户提供形式多样的场景、内容，为提高用户的观看体验做出了极大的贡献。

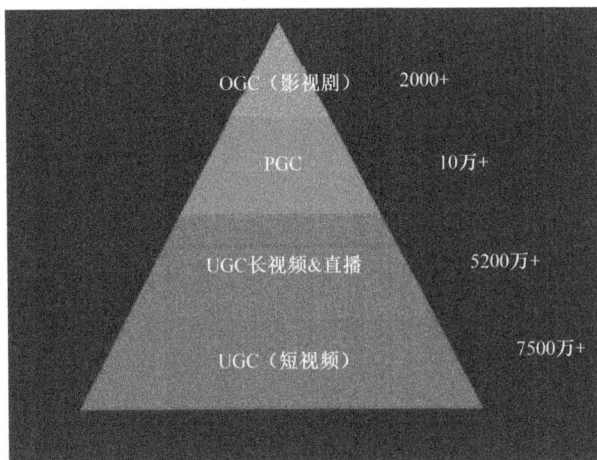

图 1-2 短视频内容参与人数

用户对文娱内容的消费取决于两个因素：成本与时间。成本要素体现在现如今的用户对于付费以及版权意识有了很大提高。短视频作为一种线上运营模式，内容收费是其变现的一种重要形式。这种内容收费往往是与平台进行合作的，用户向平台支付费用，然后平台再与短视频制作者进行分成。这种模式在过往盗版猖獗的时代是难以想象的，但是由于当下用户的版权意识的提高，为文娱内容付费，已经得到了广泛的认可。

除了成本以外，愿意在文娱上花费更多的时间也是用户对于文娱内容消费的一种升级。每个用户的时间有限，且非常宝贵。用户愿意在短视频方面消耗时间，就体现了其对于短视频内容的一种认可，同时也表现出了用户对于文娱内容愈发地重视。

短视频作为文娱内容的一种体现形式，是依靠适应现代人的生活方式，不断进行升级而保持长久的生命力的。短视频内容的升级体现在方方面面，不论是其内在的内容形式，还是其外在的环境平台，都在时刻与社会的发展相适应。只有这样才能长久地留住用户，继而蓬勃发展。

1.1.2 满足移动时代用户碎片化的需求

随着科技的不断发展，用户的生活工作节奏越来越快，很多人没有足够的完整时间去阅读完一本书、看完一期综艺、欣赏一部电影，而将一个作品分为几个时间片段进行观看，又会降低效率，浪费不必要的时间。短视频的诞生，则可以帮助用户解决这一麻烦，在碎片化的时间里满足其需求。

碎片化信息指的是用户通过网络快速地了解比以往总量更多的知识，但是其内容却更加分散，难以形成完整的系统。短视频正是信息碎片化的一个有力体现。短视频时间往往较短，能够呈现的内容也有限。短视频制作者如何能够利用这短暂的时间满足用户的需求，是一个值得讨论的问题。

1. 时代特征

21 世纪是一个世界趋于融合的时代，越来越多的用户对于知识的需求也变得多样化。本土与外来的文化进行碰撞，用户的注意力也变得分散，想要最广阔地了解这个世界，这为短视频的出现与发展提供了土壤。

这个时代追求高效，无论工作还是生活，都要求用户在最短的时间内达到效果，所以用户即使是在了解知识的时候也同样追求高效率。而短视频的传递速度是最快的。人在接收信息的感知上，是以文字——图片——视频的方式依次递增的，短视频在视频的基础上进一步发展，以其简短的优势，更加便于用户的了解，这使得用户更加容易增长见识，开阔眼界。

2. 科技发展

网络科技的发展为短视频能够满足用户的碎片化需求提供了技术保障。随着 4G 网络以及 Wi-Fi 的普及，用户在任何被基站覆盖的地方都可以拿出手机即时观看短视频。各大平台还针对用户的需求制作了 APP，方便用户提前进行缓存。移动端观看已经逐渐取代了过往 PC 端观看的模式，这样使得用户在观看短视频的时间上更加灵活。

除了网络科技的发展以外，交通工具的提速也功不可没。交通工具的提速是导致用户时间碎片化的关键原因之一。高速的交通工具使得用户可以在一天之内赶往多个地点，做不同的事情。在路途上的这段时间，也就成了碎片时间。而短视频则为用户的这些碎片时间提供了信息获取来源及消遣。

由图 1-3 中可以看出，中国的网民在 2017 年进行内容消费的时间的高峰分别是在 6～8 点、21 点左右，这个时间分布体现了用户往往是在早晨上班时间，以及回家晚饭后对网络文娱的需求最高，而短视频恰好适合在这个时间段上来满足其需求。

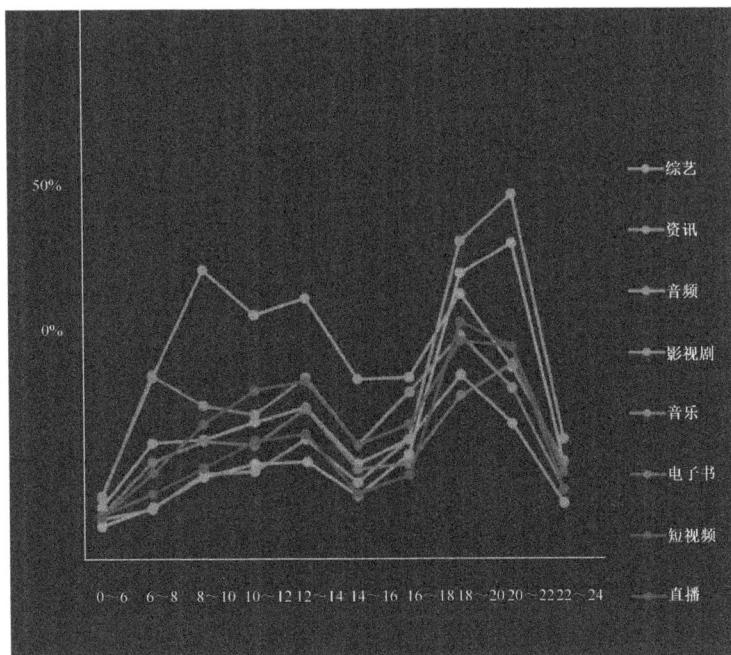

图 1–3　2017 年中国网民内容消费时间段分布

短视频想要满足更多用户的需求，必须要依靠快速的传播。而想要传播更高效，则要依赖科技的发展。随着社交软件功能的不断完善，用户也逐渐养成了分享的习惯。当用户看到一个有趣的短视频的时候,很自然地就会将其分享给自己的亲朋好友,这就完成了一次传播,而被分享者也有很大的可能将其分享给其他用户,这就使得传播以网状的形态延伸下去,从而不断扩大其影响力。这种分享方法的快捷性,很适合用户在碎片时间内完成,为用户需求的满足提供了条件。

1.1.3 开启"内容+娱乐"营销新篇章

图 1-4 是 2016—2020 年中国短视频行业市场规模及预测,从中可以看出,短视频行业规模虽然在逐年增长,但是其同比增长率却是缓慢下降的,这意味着短视频行业的发展逐渐趋于稳定。而短视频营销之所以可以在如此之短的时间内就获得如此快速的市场规模提升,究其根本,是由于其使用的是一种"内容+娱乐"的营销方式。

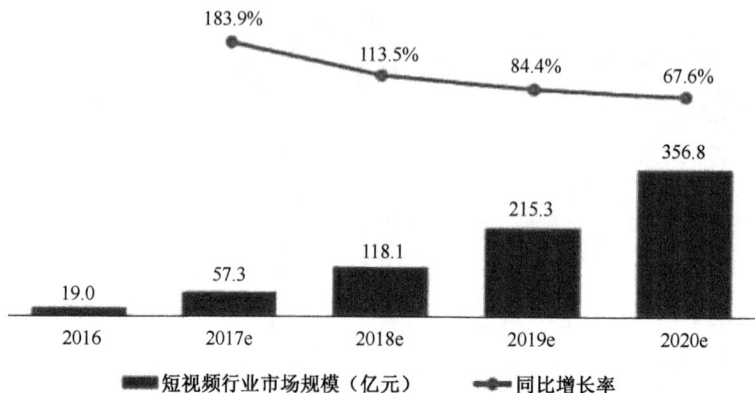

图 1-4 2016—2020 年中国短视频行业市场规模及预测

短视频的打造分为内容垂直性与娱乐性两种,这两种模式各有优势,有时也起到互补的作用。内容垂直性指的是针对某一特定用户群体或需求,提供有价值的特定的某些内容。内容的垂直性保证了用户群体的稳定性。

短视频由于其时长较短,这就要求短视频在内容的安排上需要有较强的节奏感。为了能够牢牢吸引住用户的注意力,短视频的创意点必须要密集,在极短的时间内使用户的情绪点能够获得多次的爆发,这样才能保证用户的感官被内容所掌控,形成良好的用户获取模式。

想要打造一个高质量内容的短视频作品，首先必须具备高质量的故事脚本。脚本的定位必须要准确，短视频制作者需要对其有完整的规划，这样才能保证最终的成品不会偏离计划的轨道。内容的选取必须要能够满足用户的需求，将用户放在第一位，这样才能确保短视频的持续发展。

由于短视频的内容具有垂直性，是针对某个特定用户群体量身打造的，受众明确。所以往往一个短视频制作者或者团队，最终吸引而来的用户较为集中，需求具有趋同性。只要短视频内容能够保证持续的创造力，就会使其一直能够获得相应的曝光度，从而实现稳定发展，最终获得长久的盈利。

短视频中的娱乐方式没有特定的形式，只要能够使用户在观看过后获得情感上的喜悦放松，并且还能获得一定的收获，就可以称为娱乐。短视频中的娱乐效果是借助娱乐这一形式来向用户传达信息。

娱乐是用户用来放松的一种手段，短视频与娱乐相结合，以其作为一个切入点，是感性营销的一种。用户在消费的时候并不全部都依靠理性来进行支配，感性也是很大的一个影响因素。短视频中如果采用娱乐的方式，迂回地植入软广告，会在不破坏内容的基础上，引起用户的共鸣，从而使其产生消费的欲望，从而达到短视频变现的目的。

娱乐同时也是短视频用来与热点相结合的方式。作为热点话题，在短视频被使用的时候，其自带讨论度，可以帮助短视频快速传播。而以娱乐的形式出现，用户会更加容易接受，并且运用娱乐热点也可以降低短视频的成本，从而使短视频逐渐走向商业化的道路。

1.2 短视频 VS 长视频

短视频是在长视频的不断发展过程中衍生出来的。虽然短视频与长视频之间存在着许多的共同点，但随着短视频的不断发展，也逐渐形成了自身的特性。这些特性使短视频的运营效果比传统的长视频要好，可以在单位时间内取得更好的效果，带来更大的收益。

1.2.1　时长短，可快速进入快速离开

短视频由于其主要是对于用户碎片时间的二次利用，所以在时长上必须尽量严格控制，较短的时长可以使用户可以在有限的时间内观看完全部内容，确保用户能够拥有良好的观看体验。

由于短视频的时长较短，于是就具备了可快速进入快速离开的特点。对于短视频制作者而言，由于短视频的制作技术较为简单，即使是一个之前不具备相关的知识的初学者也可以快速上手，通过短暂的学习就能够完成一个完整的作品，这样制作者能够坚持创作热情，从而促使短视频领域不断向前发展。

短视频所针对的受众群体，大多都没有一段较长的完整时间可以用来观看短视频，其用户的流动性非常大，用户的这一特性也决定其快速进入同样也快速离开的行为方式。想要令用户快速进入，该短视频必须要有足够的吸引人眼球的闪光点，营造足够的新鲜感，只有让用户在看到该短视频的那一刻就有观看的欲望，那才是胜利。

为了使用户能够快速进入，短视频的标题也是关键。视频长度虽然很短，但是可以配有一个较长的标题。长标题可以向用户传递更多的信息，从而帮助其判断是否会对该视频产生兴趣，这就使这一行为变得更加快捷。除此之外，长标题中也能容纳更多的关键字，方便搜索引擎抓取信息，进而提高该短视频被用户观看的可能性。

而为了确保用户可以快速离开，不增加用户的负担，短视频一方面要确保时长较短，另一方面也要避免做成系列短片的效果，最好做到每一个短视频都能独立成篇，在较短的时间内表达一个完整的主题，不将阵线拉得过长，只有这样才能凸显出短视频不同于传统媒体的魅力所在。

短视频与长视频相比，表面上只是时长进行了缩短，但是其实在内容结构的安排上也因此有了许多的不同。短视频为了能够在如此之短的篇幅内表达出完整的一个主题，势必要加快叙事的节奏，为了使用户不会在快节奏的剧情下感到不适，短视频制作者还必须在其中融入更多的创意，这样才能让用户保持兴趣。

1.2.2 拥有大量的 UGC 来源

长视频的创作难度不仅仅体现在其时长上。一般长视频都需要具备更完备的剧本，以及大量的前期准备工作，这些工作内容繁杂，有许多还需要具备专业的技能才能够完成。所以在进行长视频制作的时候，往往需要组建一个团队才能确保任务的顺利完成。这对于用户而言门槛过高，不利于其开始。

而短视频则不同，由于短视频制作简单，用户并不需要经过专门的训练就可以上手，这就导致了其能够拥有大量的 UGC 来源。UGC 指的是用户原创内容，是现如今视频网站平台上的一种最受欢迎的内容分享形式。短视频之所以能够拥有广大 UGC 来源的原因如图 1-5 所示。

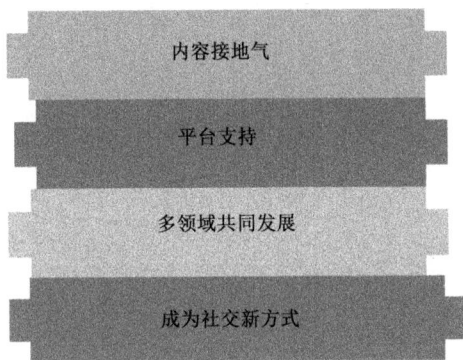

图 1-5 短视频 UGC 来源广的原因

1. 内容接地气

短视频由于大多是采用 UGC 模式，用户可以自行选择自己感兴趣的内容来在平台上进行上传，这就使其内容的种类多样，不被某种模式所局限。并且用户往往从自己身边入手，有别于长视频经过团队的不断打磨、精心制作，用户自行上传的短视频内容更为接地气，更容易引起其他用户的共鸣，从而形成良好的推广效果。

2. 平台支持

现在越来越多的视频平台开始重视短视频领域。像抖音、快手这种专注于短视频的视频 APP 也日益增加。为了能够在市场中获得更大的竞争力，短视频 APP 纷纷推出了自定义编辑功能，用户仅仅通过手机就可以完成一个短视频从拍摄到后期制作，再到最后成品上传的全部步骤。方便了用户操作的同时，由于短视频APP自定义编辑功能种类多样，用户还可以完成充满个性化的短视频，进而满足不同用户的需求。

除了专注于短视频发展的平台以外，传统的视频平台也加大了对 UGC 的关注。以优酷土豆为例，优酷土豆是最早开始大力发展 UGC 模式的视频平台之一。由图 1-6 中可以看出，UGC 内容在其内容中占到了 80% 的比例，是最受用户关注的部分。

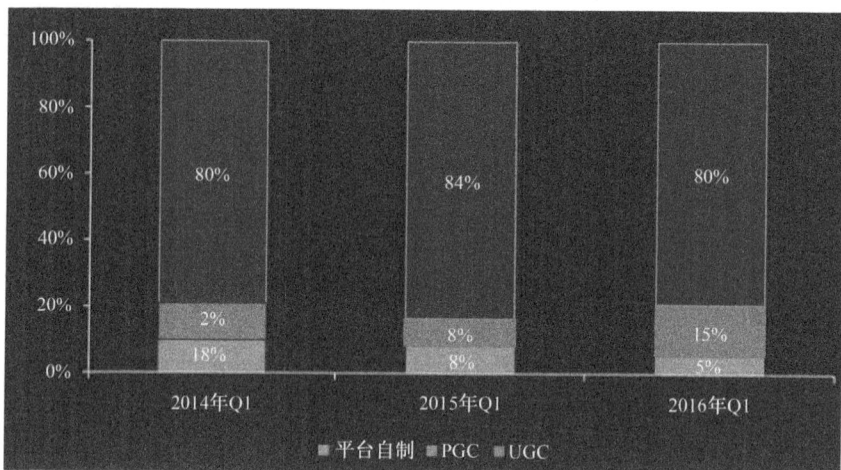

图 1-6　优酷土豆内容结构

为了保证能够持续获取优质的 UGC 内容，优酷土豆还不断加大投入力度，邀请大量的优质团队及个人加入其中。例如搞笑类的《Big 笑工坊》、资讯类的《90后的秀》等，都是在优酷土豆上植根的优秀 UGC 项目。

平台的支持为 UGC 的发展提供了很大的助力。有平台作为后盾，短视频制作者可以将全部精力都集中在短视频的打造上，其他问题平台会有专人帮忙解决，这就将一个完整的运营模式进行了分工，各司其职以提高效率。

3. 多领域共同发展

由于短视频的内容垂直性特点，其 UGC 不仅仅来源于用户，就连媒体、企业都成了其来源之一。现在已经进入了新媒体时代，为了突破传统媒体的局限性，在网络上，各种自媒体频出，用户想要获取信息已经不再仅仅依靠一家之言，而是可以从多个方面共同获取，再进行自我整理。在这样的情况下，自媒体想要从中获取一定的市场份额，就可以采用短视频的形式，以更好地引起用户的注意。

企业在从短视频行业中看到商机后，也纷纷加入了进来，通过短视频来宣传产品。在短视频当中进行适当的广告软植入，可以更容易被用户接受，从而激发起消费欲望。不仅如此，淘宝、京东等电商平台，还开启了自己的短视频通道，让商家在其上进行推广宣传的时候，可以直接采用短视频的方法，开创了产品即内容的模式。

4．成为社交新方式

短视频的 UGC 来源还包括用户关于自己生活的分享。现如今，短视频已经成为用户进行社交的一种方法。用户除了会在生活中谈论短视频相关的话题以外，更愿意自己成为一个话题，于是他们就会通过拍摄短视频来记录生活中的重要时刻。

以往用户在进行日常分享的时候，都是采取文字、图片等形式。这些形式虽然能够达到一定的分享目的，但是由于其体现的信息较为片面，不利于用户表达出自己的全部感受。而短视频则不然，短视频可以即时记录下当时发生的画面以及声音，在用户上传平台后，其他用户可以通过这种形式完整了解到他/她当时的全部所见所感，是对用户生活的一种最为完全的分享方式，深受用户的推崇与喜爱。

短视频的优势就在于它可以由用户主动上传至平台，基于平台用户总量庞大，最后所得到的短视频作品数量也是数不胜数的。这就将用户的身份从单纯的观看者转化成了参与者，使短视频能够不断增添新的生命力。用户在上传短视频至平台后，也自然会向自己的亲朋进行分享，于是就形成了二次传播，从而扩大了短视频的影响。

1.2.3　更新速度快，快视频消费来临

由于短视频的时长较短，制作较为简单，往往更新速度也较快。这对于需要保证高曝光频率来进行营销的产品，有极大的帮助。在长视频中企业软植入、硬植入广告的营销方法也屡见不鲜，但是由于长视频更新周期较久，往往不能像短

视频一样达到快速传播的效果。

随着日常生活节奏的不断加快，用户的消费速度也在不断加快，短视频的出现，为用户提供了全新的消费途径。由于短视频的更新速度快，恰好可以满足用户的消费需求。这种消费指的不仅仅是金钱方面的，还有时间方面的。

在金钱方面，图 1-7 所示的是淘宝举行的"一千零一夜"短视频系列活动。"一千零一夜"每周三、周四首播，以短视频的形式来介绍淘宝电商平台上的商品。淘宝旨在从一个单纯的电商平台转化为一个带有其他附加价值的电商平台，以短视频的方式凸显内容，使用户可以在最短的时间内，不仅了解到产品本身，还对相关的企业文化也产生一定的了解。这样可以提高购买产品时的效率，使用户可以了解得更加全面，从而形成一种快消费模式。

图 1-7　淘宝"一千零一夜"短视频系列活动

与长视频相比，短视频在用户的时间消费方面也占有天然的优势。短视频可以利用用户的碎片时间，使用户虽然每一次消耗的时间较短，但是累积起来却能够超过观看一个长视频的时间。这样的化整为零，使用户在无形之间增加了消费时间。

短视频产品就是其内容本身，用户在观看短视频的时候虽然往往没有直接花费金钱，但是实际上还是间接为其增添了价值。短视频的忠实用户越多，每一期的播放量越高，其价值也就越高。高价值的短视频更容易被平台及企业选中，从而实现合作，以达到变现的目的。并且短视频积累用户的速度更快，盈利的周期要比长视频更短。这对于创业者而言风险更小，获得的回报更大。

1.2.4　平均播放量相对较少

短视频虽然更新频率更快，在网络传播时更占优势，但其平均播放量却少于长视频，这与长视频的运营机制有关。长视频与短视频在运营方面有诸多的不同之处，如图 1-8 所示。下面介绍长视频与短视频的不同点。

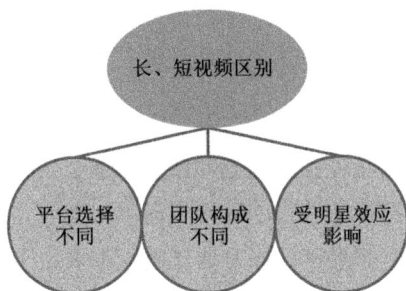

图 1-8　长、短视频区别

1. 平台选择不同

长视频由于制作周期较长，并且流程较为复杂，往往都会与某个平台进行合作，独家播出，这就使得其目标用户都会聚集在这一个平台上，最后产生的总播放量也只需统计单一平台的即可，清楚明了。

短视频为了能够得到更多的关注度，快速吸引目标用户的注意，往往需要在多个平台上共同发布，这就导致用户会分散在各个平台，造成分流，播放总量难以统计，从而造成平均播放量相对较少。

2. 团队构成不同

长视频团队由于需要更多的人员通力合作，并且其中的一些具体事项也需要专业人员来完成，所以往往会组建一个成熟的团队。一个成熟的团队中一般会配备一个专业的运营人员。专业运营人员对视频的运营方法更加了解，也具备充足的经验，并且由于团队的专业性较强，其能够提供的成本预算也就更充足，最后达到的运营效果也就越好。

短视频的制作团队往往只有三四个人，甚至是由个人来完成全部的工作，所以需要一人担任多个工种，其专业性往往较差，在运营短视频的时候难免会出现种种问题，最终的运营效果也会受到一定的影响，于是平均播放量较少。

3. 受明星效应影响

长视频为了能够吸引到更多的用户前来观看，往往会采用邀请明星嘉宾加盟的方法。而明星的"粉丝"自然而然就变成了当期视频的宣传者，并获得了良好的推广效果，从而被更多的企业看到，于是前来冠名播出。由于长视频的时长充足，有机会植入更多的软广告，也就能获得更多的收益。有了更多的收益，就能保障在后续的视频中可以投入更多的成本预算，从而形成良性循环，播放量会不断升高。

短视频播放量的暴增往往是因为当期短视频结合当时热点，被用户大量分享转载后所造成的短暂效应。短视频团队构成简单，能够负担的成本往往也较少，这就使其难以邀请明星前来助阵，而是通过高频率更新来逐步累积用户。因此，制作团队的早期作品往往播放量较少，因而平均播放量也就相对较少。

1.3　短视频带来的发展机遇

短视频的诞生与兴起，改变了许多用户原本的生活习惯，平台及企业看到了其中的商机，如果加以良好利用，就能够得到更多的发展机遇。短视频带来的发展机遇，体现在线上线下的方方面面。

1.3.1　改变原有社交方式，实现实时场景社交

在传统的社交模式下，用户往往通过文字或者图片的形式来向自己的亲朋好友传递自己的所见所感，但是这种方法始终存在着许多局限。文字与图片所体现的信息往往是片面的，不够完整，而短视频则不然，短视频可以记录下事件发生时的画面及声音，做到全方位地体现场景，使用户能够完全与他人进行实时的社

交分享。

原有的社交往往局限于熟人之间，而短视频则使其扩大到了陌生人的范围。即使是陌生人也可以直观地从短视频当中感受到拍摄者想要表达的意图，从而使社交圈子不断扩大。并且短视频在拍摄后可以与多人共同分享，从一对一的形式转化为一对多的形式，使得社交的模式更加多样，为不同性格的用户量身打造独属于自己的社交模式。

短视频能够成为一种新型社交方式，还要归功于实时通信技术。以微信为例，微信在 2016 年 12 月推出了一个 10 秒短视频功能，打开微信朋友圈界面，点击右上角的相机图标，就可以选择该功能拍摄一段短视频。当用户上传本地短视频超过 10 秒的时候，还可以直接通过微信进行编辑。微信在过去也有短视频功能，只不过拍摄时长局限于 3 秒，这 7 秒的改变所带来的意义却并不仅仅是时长的改变这么简单。

微信将微信朋友圈短视频拍摄时长从 3 秒延长到 10 秒，意味着其对短视频这一新型社交方式的重视。微信是腾讯推出的一个专注于社交的平台，在这个平台上，用户通过聊天和资讯分享，建立了稳固的连接。10 秒的短视频功能可以让用户与自己的好友分享一个完整的场景，快捷高效。

10 秒钟的短视频，使用户免去了花费更多时间使用文字来尽心解释的麻烦，提高了用户之间的社交效率，简化了用户的交流过程，真正做到了运用内容来进行社交。微信正是抓住了短视频社交的这一发展机遇，所以才能够不断提高用户的黏性，截至 2017 年年底，微信的活跃用户总数已经超过了 10 亿人。

短视频社交是在短视频发展过程中衍生出的一种新型社交形式，由于其能够多元化地进行场景渗透，为用户的社交带来了极大的便利。短视频社交是当今科技逐渐走进生活的一种体现，其中还有无限的商机等待创业者去挖掘。

1.3.2 引发"视频+社交+电商"模式

在互联网逐渐形成规模之后，企业从中看到了机遇，纷纷做起了电商。在短视频日渐火爆的时候,电商企业再度从中看到了机遇,开创了"视频+社交+电商"新模式,从而将产品与短视频紧密地连接了起来。下面就来分析一下企业是如何从中抓住机遇的。

1. 打造品牌文化

在过去,企业销售产品的重点往往都着重于产品本身。产品的相关广告也总是想要通过激烈的声音、画面来刺激用户的感官,从而激发起用户的购买欲望。而随着短视频在电商领域的运用,传统广告形式逐渐被走心的短视频所取代。

电商类短视频在制作的过程中,注重的是对内容的打造,要传递的是品牌的文化。这是营销内容从产品向文化的一个转变。电商所针对的用户更年轻,接受新事物的速度也更快,想让这些用户能够快速认同一个产品,必须在最短的时间内为其展现一个包含品牌文化内核的短视频。

电商类短视频所体现的内容,最重要的就是"真实"两个字。能够在网络上引起巨大关注的相关短视频无一不体现这一特点。短视频内容的真实不仅仅体现在"根据真实故事、人物"改编这一点,更重要的是情感的真实。短视频内容上体现的情感越真实,也就越能够引起用户的认同。

2. 将选择权交给用户

随着电商的不断发展,越来越多的企业涌入电商这个大市场,逐渐从卖方市场向买方市场进行转化,当今电商领域的选择权已经从企业转移到了用户手中。为了能够从同类的产品中脱颖而出,企业必须要获得用户情感的认同,只有这样才能够赢得用户的青睐。

电商在制作相关短视频的时候,内容不能够仅仅是体现其产品本身,而是要通过这一形式来与用户建立连接。电商短视频可以成为企业与用户之间进行社交的通道。企业通过短视频向用户传递自身品牌的观点,而用户则在观看过后通过购买或留言的方式进行反馈。企业从而真正做到了与用户成为朋友。

3. 注重信息传播

一件产品想要被更多的用户注意到,不扩大其传播范围是绝对不行的。企业在拍摄短视频之后想要得到良好的传播效果，主要依靠用户的分享。图 1-9 显示的是用户在淘宝上的"分享"界面。

图 1-9　淘宝"分享"界面

淘宝上聚集了总量相当可观的消费用户群体，这些用户在该平台购物时，几乎都会用到"分享"这个功能。"分享"功能非常便捷与强大。淘宝网的每个页面里都设有"分享"按钮，方便用户随时与自己的好友进行分享，将产品推送给对方。并且该功能覆盖了全部常用社交平台，使用户可以随意选择，从而取得最好的传播效果。

电商类短视频的分享与传播，是企业在与用户建立社交关系之后，再通过用户的关系网再度与其他用户建立联系的一个过程。这种传播以网状式向外扩散，每一个在社交圈子的用户都是潜在的消费者。电商从短视频领域中抓住的这一机遇，可以为其带来巨大的后续经济回报。

1.3.3　开启短视频自媒体时代

自媒体即"公民媒体"，是一种私人化、普遍化的信息传播者，依托于网络社交平台，向不特定的用户传递信息。自媒体注重打造内容，短视频就是其表现内容的一种方式。随着这种方式被运用得越来越多，现如今已经开启了短视频自媒体时代。不同的自媒体在对这一机遇的把握上有不同的特点。图 1-10 是目前常见的自媒体分类。

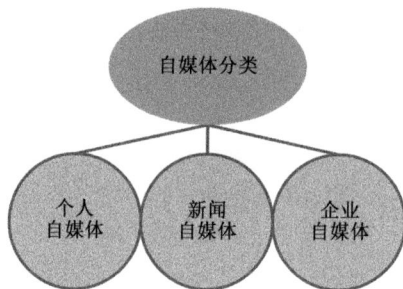

图 1-10　自媒体分类

1. 个人自媒体

个人自媒体需要进行一定的自我包装。想要成为一个成功的个人自媒体，首先必须要挖掘自身的特点，在找到最与众不同的那一点后，将其融入短视频的内容当中，采用夸张等方法不断放大，从而使用户能够更容易地记住。

如今的个人自媒体犹如雨后春笋一般，层出不穷。想要从中脱颖而出，就需要对内容进行着重打造。个人自媒体要选准目标用户，然后在对该目标用户的数据进行收集与研究后，根据结果来进行内容的筛选。短视频的内容越能够符合其需求，在运营过程中就能够起到越好的效果。

个人自媒体包罗万象，任何专业领域都可以成为其内容。也正是因为这种包容性，个人自媒体的发展机遇也有很多。以 Zealer 为例，Zealer 是互联网领域内的知名科技类短视频自媒体，每天提供大量的科技类短视频供用户观看。Zealer 提倡的是一种科技生活的态度，将高新技术这一特点不断放大，给用户留下了深刻的印象。

2. 新闻自媒体

新闻自媒体是传统新闻媒体的一种延伸。随着网络技术的日益发展，传统的以纸媒为主导的新闻行业，逐渐被网络新闻所取代。为了能够抓住这一机遇，搜狐、网易等新闻平台纷纷成立了新闻自媒体，通过这种方式来加强在用户中的影响。

新闻的最重要的两个特点就是快速与真实。新闻是有时效性的，为了能够在新闻行业当中有足够的竞争力，作为新闻自媒体，必须要在事件发生的第一时间就能进行报道。这就要求新闻自媒体制作短视频的时候，需要一个团队来进行合作，这样才能保证足够的效率。

并且，新闻自媒体对于自身发布的消息必须要保证其真实性。只有真实的新闻才有传播的价值，虚假的新闻会使用户在观看过后产生错误认知。如果新闻自媒体一味地仅仅追求效率而不能保证其真实性，长此以往就会失去用户的信任。这在新闻行业中是大忌。

3. 企业自媒体

企业自媒体是企业进行自我运营的一种方法。企业自媒体所制作的短视频，凸显的是其品牌文化，其传播的过程就是在进行 IP 的打造。为了能够与用户更加贴近，企业自媒体在运营过程中往往采用拟人化的方法，将自媒体账号赋予一个人格，使得用户对其产生感情，从而拉近与用户之间的关系。

企业自媒体在运营的过程中，首先要分析的就是用户究竟想看什么。在初期，企业自媒体不妨多尝试几个短视频方向，然后从用户的反馈中分析其究竟对哪一种更加感兴趣，为什么会对这种形式感兴趣，从中吸取经验之后再选定道路，正确的自媒体运营道路可以帮助企业取得更好的推广效果。

1.3.4　促进线下场景的线上转移

短视频行业的不断发展，也促进了线下场景的线上转移。在传统行业领域中许多必须要经过实体操作的内容也开始逐渐向虚拟过渡。这其中存在许多发展机遇，不同的行业都受到了冲击，而能否抓住机遇是一个严峻的考验。以下就以几个行业作为例子，来讨论短视频是如何促进线下场景向线上转移的。

1. 广告业

广告业是受短视频发展冲击最大的行业之一。传统的广告往往由广告公司为企业提供创意设计，然后制作成展板等，在线下进行推广。但是随着企业对线上影响力的不断重视，线下广告逐渐被短视频取代。

短视频的制作可以在体现产品特点的基础上，同时对企业文化、精神加以宣传，能够为企业树立更加正面的形象，从而引起用户的购买欲望。广告业为了满足众多企业的需求，现在就连招聘员工都会要求其具备相应的短视频制作的专业技能。原本单一形式的广告策划案，也逐渐变成了短视频脚本设计。就连城市公共设施，也在各大交通要道设置了大屏幕，方便企业短视频的播放。

2. 销售业

虽然随着电商的发展，实体销售业受到了一定程度上的打击。但是由于图片与实物还是存在着一定的差异，许多销售人员还是会选择实体进货的方式，眼见为实，避免出现差错。由于短视频在销售业的广泛运用，通过短视频能全面地对产品加以展示，有效弥补了信息不对称问题。

以服装行业为例。服装行业原本非常依靠实体看货，服装的材质以及样式需要通过这种方法才能确定其是否满足需求。但是随着短视频的发展，有许多商家都会雇用一批身材高挑、妆容精致的模特，每天试穿几十套衣服进行短视频拍摄，然后让购买者通过观看该短视频的方式来确定是否满足其需求。

这些短视频模特甚至可以根据观看者的反馈做出反应，改变拍摄角度，进行全方位的服装展示，让购买者更全面地了解服装。通过这种方法就保证了无论购买者在什么地方，只要他从短视频中看到这件衣服觉得喜欢就可以购买，这样就淡化了销售行业过去所受的地域限制。

不仅仅是这种本就与电商有所合作的销售业可以通过短视频的方式进行线上运营，甚至有些过去仅局限于线下销售的产品也同样可以。以"抓娃娃"游戏为例。"抓娃娃"游戏是从国外传进的一种深受年轻人喜爱的娱乐方式，用户在投币后可以使用机器上的按钮，操作其中的铁爪进行移动，从而抓取到玩偶或其他物品。

图1-11 "抓娃娃"APP

由于"抓娃娃"游戏对实体机器有所要求，这就使其在过往始终是线下模式。但是在2017年各种与"抓娃娃"相关的短视频层出不穷，受到了广大用户的欢迎，一些企业从中看到了商机，开发了线上"抓娃娃"APP（见图1-11），来满足用户的需求。这打破了过往线下行业的运营模式，真正将线下场景转移到了线上。

3. 教育业

教育业是一个有着悠久历史的传统行业，虽然过去也有网络课程等形式，但是由于其需要通过直播或者回看，当用户在学习过程中产生疑问的时候，难以得到及时的回复，所以其主体还是局限于线下。但是随着短视频与教育业的融合，在很大程度上弥补了即时性的不足。讲师可以将知识点以及用户的常见问题录制成短视频，在题目中标注关键字，然后有疑问的用户可以在数据库中进行搜索，得到回答。

图 1-12 所示是步步高家教机。步步高是专注于制作教育产品的企业，现在推出的新型号的家教机往往都配备一支扫描笔，用户在使用扫描笔对题目进行扫描之后，家教机会从其数据库中按照关键字检索出相关的短视频，使用户的问题可以即时得到解答，真正将教育业从线下发展到了线上。

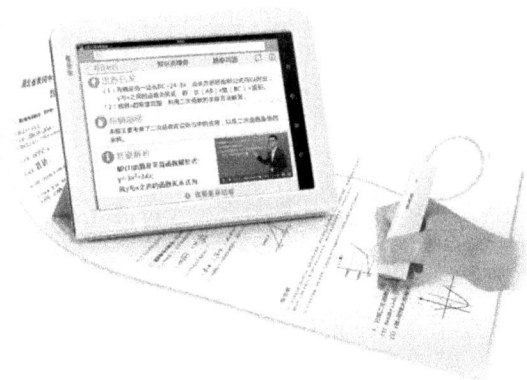

图 1-12　步步高家教机

第 2 章

短视频的盈利模式有哪些

投资方和各种有志之士蜂拥而至，纷纷投入短视频的蓝海之中，自然是看中它的未来发展及盈利趋势。那么如何让几分钟的短视频变现呢？其大致的盈利模式主要分为直接变现、间接变现及特色盈利模式三种。

2.1 直接变现模式

直接变现是指用视频直接获利，这种盈利模式对短视频本身有很高的要求，一是内容质量要高，二是本身传播流量要大。其变现主要有三种模式：一是内容付费，二是签约独播，三是渠道分成。

2.1.1 内容付费模式

几大视频网站对于付费会员模式探索的成果让人欣喜；喜马拉雅 FM、得到、知乎的付费问答效果也十分显著，越来越多的创业者和投资人都对内容付费的未来充满期待。用户选择为内容付费的原因主要有以下几点：一是版权，二是需求，三是猎奇，四是崇拜（见图 2-1）。

首先是版权原因。即"这里有其他地方没有的独家内容"。比如，几大视频网站每年砸重金购买大剧和制作优良的独家网剧，就是为了保证自己平台独播版权的丰富，从而拉拢用户付费。

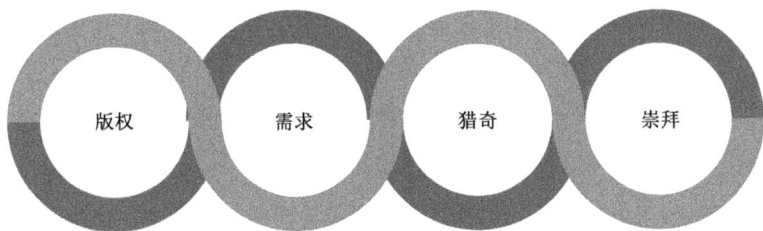

图 2-1 用户选择内容付费的原因

其次是需求原因。这是一种对投资回报的比较心理，就是"我从内容中得到的回报远远大于为内容投入的成本"，这种心理通常表现在知识付费上。比如，某亿万富翁在付费知识平台上的课程标价 10 万元，号称告诉你如何在一个月内赚 1000 万元，这种投入与回报的对比就很容易让用户产生付费浏览内容的欲望。

再次是猎奇心理。人性总是对与自己的平常生活不同或者违背自己三观的内容充满好奇和探索欲望，这也就可以解释为什么越是负面离奇的八卦越能引起轰动。比如，一个长发飘飘的美女突然宣布要直播剃光头，出于好奇和刺激，人们也会愿意为这些内容付费。

最后就是对某些人或事物的崇拜心理，这也可以理解为"粉丝经济"带来的红利。公众对于行业精英、明星似乎自然而然有一种崇拜的心理，比如，某明星开一次付费直播，自然会有他的"粉丝"进行消费。

而短视频领域是否也可以采用纯粹的内容付费模式，目前还没有十分成熟的案例，尚在探索和冷启动阶段。如秒拍、美拍、快手等大型短视频平台上线了"打赏"功能，不过这种功能是"后置"的，用户在看完视频之后自愿选择是否打赏，因此想要以此作为主要盈利方式并不容易。

相比之下 2017 年 4 月才上线的"问视"APP，则在短视频付费模式上做着更积极的探索。"问视"可以理解为视频版"知乎"。答主首先在平台上创建自己擅长的领域和回答价格。当有用户向答主提问时，他需要在 3 分钟以内的视频里对问题进行回答。而其他对问题感兴趣的用户则可以付费围观。解答收益属于答主，围观收益可以由提问者和答主平分，"问视"平台则对收益抽成 10%。

"问视"的 CEO 表示，短视频和知识付费都是 2016 年以来的大趋势，但是现阶段，主流短视频平台输出的内容以娱乐为主，对于专业性、知识性的内容关注不够；而在付费知识领域，问答的表现形式还停留在文字和语音上，相比较图文、语音来说，短视频作为承载知识的媒介有它独有的优势。

短视频更加有场景代入感，这使得提问者和答主之间的互动性更强。视频还可以多维度地展现内容，比如，描述一个建筑，用图文来表现，需要运用各种建筑学专业术语对建筑各部分进行大篇幅阐释，而这种方式对提问者和回答者的专业性有一定的要求；而短视频制作简单，答主可以对建筑本身直接进行多角度拍摄，同时用话语进行描述，不需要组织过于晦涩难懂的语言，准入门槛较低。在同等时间内，视频可以承载更多的信息量，在传播过程中效率更高。

此外，对于类似"怎么做"的问题，视频可以更加清楚、直观地展现解决流程。比如，怎么化妆，图文展示就远不如视频表现来得直观。因此，"问视"CEO认为，无论是从短视频领域还是知识问答平台来看，他们都有切入的机会点。不过，短视频领域和付费问答领域都已经出现了较为成熟的巨头，因此"问视"要做的就是一个差异性的平台，避开和巨头们的正面冲突。

首先，知识付费的概念已经逐渐下沉到了中小城市，大平台的头部玩家之外的众多中下层玩家也需要更开放的展现平台，而"问视"这种"问答型视频"的定位能够在内容上和其他 UGC 视频社区形成区别。

在冷启动阶段的内容运营上，"问视"除了请其他平台各领域的答主和产出内容的 KOL（关键意见领袖）入驻以外，也"借势"来获取用户，比如，邀请热播剧主创入驻进行问答。通过这两种手段，"问视"获得了初期的内容和流量。

在"问视"平台上，总共设置了"海外""支持""科普""生活"四个版块，这样的版块构成可以先圈定这个平台的种子用户构成及社区氛围，为日后平台的用户定位奠定基础。每个版块内，平台只对答主进行推荐，而不对话题主题进行运营，这有利于以答主为中心形成答主与"粉丝"的互动关系，从而孵化平台自己的"大 V"。

不过，现阶段，尝试短视频付费的风险也是巨大的。首先，用户目前形成的是对长视频付费观看的习惯，这个习惯是否能从长视频领域转移到短视频领域，以实现大规模付费，目前还不得而知。

其次，付费的体量有多大还要进一步探索。每个人都会对所买商品进行估价，比如，一本书的价值在 30～40 元，一辆普通家用车的价值在 10 万元左右，那么如果实行短视频付费，用户心里对其估价到底如何，怎样才能保证定价和收益的平衡点，这对产品经理来讲也是巨大的考验。

此外，复购率对于平台来说也是一个问题，短视频制作的准入门槛低也意味着放弃很容易，能否一直输出优质内容非常考验短视频生产者的能力和耐心，如果制作者选择放弃，就会给平台运营方带来巨大的压力。但是，从互联网整体趋势及消费升级的角度来看，短视频内容付费模式仍然很值得尝试。

2.1.2　签约独播模式

当今网络上各大短视频平台层出不穷，为了能够获得更强的市场竞争力，平台纷纷开始与短视频制作者进行签约独播。于是与平台签约独播，也成了一种短视频快速变现的模式。不过，这种模式比较适合运营成熟、"粉丝"众多的"视频达人"。对于短视频新人来说，能获得平台青睐、得到签约收益，不是一件容易的事。

签约独播是一个平台与短视频制作者之间互相选择的过程。短视频平台为了能够更好地吸引到制作者，往往会采用高价酬金的方式。比如，2017 年 9 月花椒直播就上线了 MV 短视频功能，用户可以随心所欲 DIY 短视频并配上不同的音乐，花椒直播还宣布投入 1 亿元资金签约短视频达人；而火山短视频也斥资千万，将快手直播的知名"网红"挖来。签约独播目前是短视频平台用来争夺头部玩家的重要筹码。

而作为短视频制作者，想要与平台进行签约独播，必须要已经达到了一定的发展水平，或者可以让平台看到该制作者存在的发展空间。签约独播是短视频直接变现方式中要求较高的一个，需要短视频制作者在前期进行较多的准备。

1. 选择合适的平台

在平台的选择上，短视频制作者的首要考虑就是自己的目标用户。每个短视频平台都有其自身的定位，于是其吸引而来的用户群体也是不同的。制作者完成的短视频本身就是面向某一类特定用户的，只有其目标用户与短视频平台高度符合的时候才能在平台上取得更好的运营效果。

短视频制作者与平台进行签约独播是一个双向选择的过程，不能仅仅因为平台向其抛出了橄榄枝就草率同意。制作者必须根据自己的短视频特性谨慎地考虑，不能轻易打乱原本制订的计划，只有这样才能使自己发展得更加顺利。

2. 保证短视频质量

短视频的质量是一个平台最为看重的。只有高质量的短视频才能最大限度地吸引用户的注意力，从而保证该平台上用户的流量，避免平台出现倒退的情况，这也是短视频平台之所以要与制作者进行签约独播的原因。所以一个短视频制作者在选择了合适的平台后想要与其成功签约，首要任务就是保证短视频的质量。

高质量的短视频内容必须要原创，只有制作者原创的作品才能真正打动用户。如果采取抄袭等不光彩手段，虽然在短时期内可以走捷径获得部分人气，但是这本质是一种欺骗行为，长此以往早晚会暴露，而到那个时候就会给用户留下极坏的印象，得不偿失。在保证短视频的原创性基础上，制作者还应该不断加以创新。创新可以使得短视频焕发新的活力，避免用户产生审美疲劳。

3. 展现发展空间

有许多短视频平台不仅会与已经成名的短视频制作者进行签约独播，还会寻找一些有发展潜力的新人来进行培养。这样培养出来的新人对于平台的感情较深，等到获得知名度后也不易跳槽，不会带走用户，从而可以保证一个平台的长期稳定发展，降低风险。这是一种长线投资的方式，平台可以付出较少的成本而得到较大的回报。

短视频制作者想要成为培养对象就要让平台看到自己的发展空间。可塑性强的短视频制作者会有更好的发展前景。制作者如果有别人替代不了的特点就会更容易被短视频平台看重，从而签约独播。

由于短视频平台日益增多，市场上也出现了良莠不齐的局面，短视频制作者在进行平台选择的时候还是要先对其进行一定的研究调查，确定其资质，避免产生不必要的纠纷，出现不愿见到的损失。

2.1.3　渠道分成模式

对于内容创作者来说，渠道分成是初期最直接的收入和变现手段，选取适合的渠道分成模式可以快速积累短视频制作上所需要的资金，从而为后期其他短视频的制作与运营提供便利。在不同的短视频平台上针对短视频本身的分成渠道主要有三类：一是推荐渠道分成，二是视频渠道分成，三是"粉丝"渠道的分成（见图 2-2）。

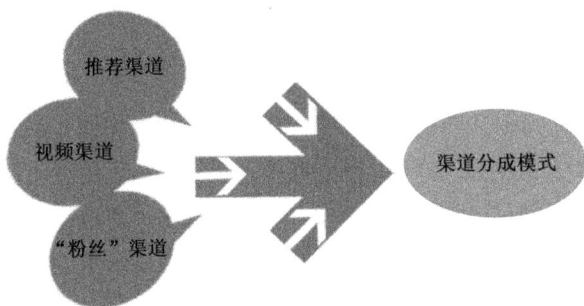

图 2-2　短视频渠道分成

1. 推荐渠道分成

这种分成模式是指视频通过系统推荐到用户面前，根据播放量表现，视频制作者和推荐平台进行分成。比如，今日头条、天天快报这种信息推荐平台，当短视频制作者度过"新手期"后，被推荐视频超过 10 篇即可申请分成。

不同渠道有不同的推荐算法，短视频制作者要根据该平台的特性有策略地进行运营，增加曝光度，以达到增加播放量的目的。为了获得更高的播放量，短视频制作者可以在标题及文案上进行更具有吸引力的创作，以达到快速吸引用户目光的目的。

2. 视频渠道分成

这种分成模式主要通过视频网站的搜索和编辑推荐来获得播放量，在好的推荐位宣传会得到比较好的效果和分成。比如，搜狐视频、腾讯视频等视频网站就是靠这样的方式来与内容创作者分成的。

在这种分成模式下，推荐位的获得是非常重要的，越好的推荐位就越容易被用户第一时间发现。对于好推荐位的获得，不同的短视频平台有不同的方法，有的平台是依靠其一定时间内所获得的播放量，这就需要短视频制作者在前期有一定的忠实用户积累。而有的平台的推荐位则需要进行购买，这就需要短视频制作者付出一定的成本，所以短视频制作者要根据自身的现实情况来加以考量。

3. "粉丝"渠道分成

这种分成模式主要通过"粉丝"打赏的形式来使平台和内容创作者得到分成，"粉丝"数量对视频的播放量会产生很大的影响，比如，美拍就是依靠这种模式。在这种分成模式下，短视频制作者想要获得高收益，就必须注重"粉丝"量的积累。

不同平台吸引来的"粉丝"有不同的特点，短视频制作者需要对选定的平台的目标用户进行数据收集及分析，得出其本质需求，然后根据该需求来制作短视频，尽最大努力来满足"粉丝"的需求，这样才能使"粉丝"心甘情愿地关注该短视频，从而在"粉丝"渠道分成这一模式下获取最大的收益。

渠道分成模式中虽然存在着不同的分类，但是其能够获得收益的原因还是要依靠短视频本身的质量，高质量的短视频无论在哪种分类方法下都能获得较高的收益。除了质量以外，更新频率也是影响渠道分成的一个重大因素。高频率更新可以增加曝光度，从而使得用户能够更多地注意到该制作者的作品，以新短视频作品带动旧的，形成一个完整的短视频运营链条，以达成长期的发展。

2.2　间接变现模式

间接变现指不通过视频本身而通过一些额外的收入，达到视频价值变现的方式。由于其方式更加多样灵活，短视频平台和制作者在其中的操作空间较大，于是间接变现成为了现在短视频的主要盈利模式，其主要分为广告植入、课程培训、"短视频+电商"、内容合作盈利几种。

2.2.1　广告植入模式

广告植入是视频获利的最常见模式，其类型可以分为以下几种。

贴片广告，这也是传媒业最常见的广告类型。贴片广告主要指在视频片头片尾或者中间插播的广告，还包括视频背景的广告。这种广告覆盖范围广，曝光度高，但是用户体验较差。特别是对于短视频来说，一般的短视频最多不会超过 5 分钟，且用户经常在碎片时间使用手机流量观看，因此会很难容忍在短视频前放置贴片广告的行为。

因此相比独立于视频内容外的硬性广告，"软植入"的模式对于短视频来说是更好的广告植入模式。

台词植入，即将广告品牌或产品信息巧妙融入视频台词中去，从而达到广告植入的目的，这样的植入可以直白地将品牌、地位、用途等信息告诉观众。比如，著名的电影《阿甘正传》中一句主人公喃喃自语的台词："见美国总统最美的几件事之一是可以畅饮'彭泉汽水'。"

道具植入，即将产品作为视频中的道具使用，以达到广告宣传的效果。比如，某些视频中所有人都使用某一品牌的手机等。

抽奖奖励，通过抽奖发放优惠券等实物以达到产品宣传的目的。比如，某些视频博主会通过微博转发抽取用户送某品牌手机等。

此外还有一种广告植入形式是专门为广告主定制内容，其内容本身就是广告。比如，著名的短视频博主 papi 酱就曾经为哒哒英语专门定制了节目内容，在其推出的一期节目中，papi 酱模拟了不同风格的英语老师，然后将哒哒英语的品牌和产品理念巧妙地植入到了视频之中，这种为品牌定制节目的方法，可以比较好地将视频的特点和产品本身结合，是一种不令人反感的植入。

但是，对于广告软植入，要注意以下几点。

首先，寻找的广告品牌要和自己的内容、自身特点及受众群体吻合。比如，在专业类节目里植入偏休闲类的产品广告就会显得格格不入，在受众年龄偏大的视频内容里植入比较新潮的品牌广告也不太合适。

其次，广告植入是否"软"在于观众观感。某些视频即使通篇在给产品打广告，但是由于创意得当，受到大家的欢迎；某些产品意在软性植入，但是植入方法不恰当反而引起观众的不满，比如，某剧中剧情本来是三个人进入一个装修高级的餐馆吃宵夜，却因为某品牌方便面与现实生活情况违和的软植入引起了观众的不满。

此外，做好内容才是能使短视频价值不断变现的根本，切勿本末倒置。广告主来进行广告植入，一定是因为看中了短视频内容和"粉丝"流量，如果单纯为了广告植入而放弃了对短视频内容本身质量的要求以及对"粉丝"观感的尊重，最终导致的后果不仅是广告资源的流失，还有辛苦经营的品牌本身的崩塌。

2.2.2　课程培训模式

课程培训模式主要是知识型短视频变现的一种手段。其模式大致是通过短视频节目积攒人气，然后利用社群经济的方式，利用课程、讲座、俱乐部等其他手段进行变现。此类模式需要短视频制作者本身在某一领域具备较为专业的知识，这样才能真正为用户提供有效的知识培训，使得用户从中有所收获，这样才能建立健康的短视频与用户之间的关系，保证用户的稳定性。

以"罗辑思维"为例，其就是这样一种获利模式。他首先通过开发自己的自媒体来积攒人气获得一定的"粉丝"，然后开始在各地举办付费线下讲座，吸引其忠实"粉丝"前来参加，这样就使得短视频以间接的方式获得了收益。由于这种方式实践起来有较高的操作度，于是就成了短视频间接获利的常用手段之一。想要通过课程培训模式来进行间接盈利，需要注意以下（见图2-3）几点内容。

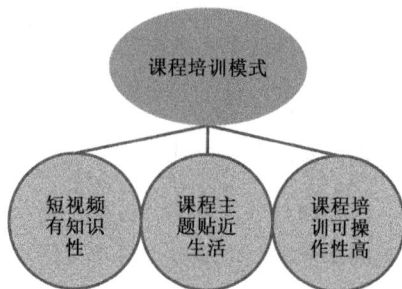

图 2-3　课程培训模式

1. 短视频有知识性

想要通过课程培训的模式来实现短视频的间接变现，首先就要确保原短视频的内容要有一定的知识性，这样才能确保被其吸引而来的用户会对相应的课程培训产生兴趣并参与其中，以避免在培训场地及时间都安排好后，却出现无用户参加的尴尬局面。

短视频的知识讲解还需要形成一个完整的知识结构体系，这样才能使其在课程培训的安排上更有针对性，从而才能使用户在经过课程培训后能够得到"干货"，产生认同感，避免其对课程的质量有所不满。

2. 课程主题贴近生活

课程培训这种短视频间接变现模式分为线下与线上两种，课程主题的设置，应该吸引用户愿意前来参加。所以，课程的主题必须要与用户最为关心的切身利益息息相关，这样才能在最大限度上引发其兴趣。

以咪蒙为例，咪蒙是网络上的一个知名作家，在新媒体营销领域有较大的成就。在 2017 年 11 月，咪蒙与喜马拉雅 FM 进行合作，上线了一个名为《咪蒙教你月薪五万》的付费音频课程，并且还做出了"听课三年后加薪不超 50% 可申请退款"的承诺。咪蒙这个课程主题的选择就十分贴近用户的生活。

工薪阶级在用户中所占的比重可以说是最高的，而这些用户最关心的问题往往都与升职加薪有关，咪蒙这个课程的设置直戳其"痛点"，并且题目命名也十分夺人眼球，在很短的时间内就有大批用户进行了购买。课程主题贴近生活，从用户最关心的事情上找出切入点，可以最大限度上激发用户的购买欲望。

3. 课程培训可操作性高

课程培训可分为线上与线下两种模式，这两种模式各有其特点，培训人安排的时候要根据课程的要求灵活使用，保证用户有参与的可操作性。线上课程培训以网络课程的形式出现。这种形式时间上比较灵活，可以令用户在一切方便的时候进行观看，而且对于没有理解的地方还可以反复进行回看，不断加深印象。

而线下的课程培训虽然要求用户必须在指定时间到达一个指定的地点，灵活性较差，但是对于自律性较差的用户可以起到一个监督的作用。并且接受课程培训的同时还会接触到许多和自己相同领域内的其他用户，这样就起到了一个拓展人脉的作用，人脉的建立在工作和生活中同样是必不可少的一部分。

为了保证课程培训的可操作性，培训者在时间地点的安排方面，一定要考虑用户的实际情况，将用户的需求摆在第一位。同时，用户的财力也是必须要考虑的一个方面。适中的课程价格可以使得更多的用户加入其中，扩大生源。为了增强该课程对于用户的吸引力，培训者还可以邀请业内知名的成功人士来分享经验。

2.2.3　"短视频+电商"模式

无论是渠道分成还是广告植入，都很容易触到天花板，但是短视频平台中成千上万的生活类、美妆类内容创造者有着更加广阔的变现空间，那就是内容电商模式。比如，在视频底下放个淘宝链接，或者在视频结尾放一个导流广告，可以很容易地实现"视频宣传+实物盈利"的模式。

对于图文类的"种草"文案，人们有可能对购买产生顾虑，比如，照片经常要经过处理，实际的衣服很可能与图片展示有差距。而视频对一件商品的展示会显得更加直观，更能激发人们的购买欲望。当然，想要提高消费转化率，还取决于视频所推荐的商品是否值得购买，以及视频主本身的受信赖程度。

比如，"悦味"就是一家通过"短视频+电商"模式实现变现的公司。悦味是一家厨具公司，如图 2-4 所示，其主打商品就是"元木"系列，在其为该系列进行宣传的时候，发布的短视频大获成功，在短视频发布当晚就收获了 248 万播放量和 440 万的访客数，卖出了平常四年半销量总和的厨具产品。

图 2-4　悦味元木厨具

悦味能够取得这样的好成绩是因为其使用了"短视频+电商"的模式，使得用户在趣味性的作品中体会到了品牌的内涵，从而对其产生了认同感。如今，用户已经越来越习惯在观看短视频后再去电商寻找同款商品进行购买了，在以后新媒体领域的发展中，短视频与电商之间的关系只会联系得越来越紧密。

而一些以短视频起家的视频主也同样在探索同电商结合的道路，以打通内容与消费渠道，比如，快手视频中依靠工地健身视频火起来的"搬砖小伟"，他在个人页面放上了一个微信公众号，通过微商导购运动鞋，以此来实现盈利。

此外，各大平台也开始建起短视频与电商之间的桥梁，实现变现共赢。比如，电商平台淘宝，推出了"淘宝二楼"的短视频营销策略，每天晚上 10 点上线《一千零一夜》《夜操场》等两季短视频系列剧，其精美的制作和颇具创意的内容策划广受好评，并促进了许多"小众"商家销量暴涨。比如，当《一千零一夜》的第一集《鲅鱼饺子》推出后，次日上午 10 点，鲅鱼水饺的销量翻了 150 倍。

短视频平台"美拍"也为"粉丝"数超过 10 万的视频达人推出了"边看边买"功能，用户在观看短视频的过程中，就可以对达人推荐的商品进行下单操作，这样就打破了传统的电商模式，简化了用户在过程中所需的操作，可以提高购买效率，从而达到促进用户消费的目的。

电商本身是存在一个固定的盈利模式的，制作者必须在对其加以了解的基础上再加以实践，这样才能保证不出现赔本的情况。短视频制作者想要通过电商进行变现，也要注重自身内容的塑造，有特点的内容才能在用户心目中留下深刻的印象，从而促进其通过电商来进行购买。

短视频与电商之间的合作性盈利还应该注意要适度。短视频本身是对个人或者内容的一个塑造过程，如果一味地想通过这个渠道使得电商方面能够获得盈利，很容易招致用户的不满，从而导致用户流失，得不偿失。

现在短视频平台争夺内容和视频达人的竞争已经趋于白热化，但是除了"烧钱"以外，短视频平台更重要的是要找到为平台本身及视频主持续变现的生态环境，这样才有利于促进短视频行业健康发展。

2.2.4 内容合作盈利

内容合作盈利模式主要是平台方与专业内容制作方，如大型媒体、制作公司的合作方式，旨在寻求双方共赢。随着互联网内容的不断更新换代，我们可以发现，虽然在一个行业萌芽并不断发展的过程中，个人往往发挥着巨大的作用，但是随着一个行业日趋成熟，人们的要求也会越来越高，会越来越追求专业化、优质化，这个时候依靠着一个人或几个人是无法满足观众需求的，专业化、集团化是每个行业的最终归宿，短视频行业也不例外。

虽然草根化、平民化的内容仍然会持续存在，但是大多数人会趋向于追求高端化的头部产品，草根化、平民化的内容在这个过程中也会逐渐向专业化进行过渡。在这种时候，就需要媒体、专业公司来生产内容，因为无论是在设备、人才，还是在制作水平成熟度上，他们都有普通人无法企及的优势。媒体与专业公司在对短视频运营的把控上更加专业，而且可以联合不同的团队形成一个社群，使得其能够互补，以达到最大限度上吸引用户的目的。

芒果 TV 和今日头条就进行了一次战略性的合作，其模式大致为：今日头条为芒果 TV 提供推荐引擎技术支持及推广资源服务，而芒果 TV 则开放旗下所有综艺节目作为今日头条旗下短视频服务的优质内容资源，通过头条号进行分发。这样的合作方式让双方各取所需，互惠互利，达到共赢的目的。

未来将会有更多的平台选择与媒体及专业制作公司合作，来促使短视频行业不断规范，使其在商业化的转化上形式更加成熟，并从而促使其生产出更多高质量的内容，活跃短视频领域，以实现可持续发展。

除了媒体之外，和大型活动（如时装周、大型赛事）合作，也可以为短视频平台提供源源不断的丰富内容。在拍摄这些活动的相关短视频的时候，可以吸引来大批对此有兴趣的用户，不断扩大该平台在用户心目中的影响力。

比如，"美摄" APP 在 2017 年与北京时装周达成了战略合作。期间"美摄" APP 还举办了"美摄—2017 北京时装周原创视频大赛"线上线下活动，让用户通过短视频来讲述北京时装周的故事。有超过 1000 条视频上传至"美摄活动专区"，有 128740 次的点赞互动，数千万的浏览量。

通过这次活动，北京时装周秀场的表演得到了充分展现，很多品牌甚至获得了花费数千万元也达不到的宣传效果，而时装周也为"美摄"提供了丰富的内容资源，使平台流量激增，这是平台方与内容方合作共赢的典范，用户甚至可以直接检索到走秀品牌信息从而直接购买。

内容合作是一个平台与内容创作者之间互惠互利的过程。创作者所完成的内容本身必然有其特色才能被平台选中。而平台也是同样，必须有一定的发展度，并且前景良好，注重对本平台创作者相关权益的保护，才能源源不断地吸引到更多的创作者前来加入，从而推动平台更好地发展。

2.3　特色盈利模式

随着短视频行业的不断发展，有越来越多的人想要加入其中。然而，每个团队与个人在刚开始的时候都会遇到各种各样的困难，而为了能够减少问题的出现，人们也会在开始制作短视频前进行一些课程的学习。于是除了以上盈利模式以外，短视频制作本身也成了一种盈利的方式。其中最常见的分别是视频创作课程、短视频周边支持产品及短视频制作支持工具。

2.3.1　视频创作的课程培训

很多人觉得 papi 酱的走红是靠其欢乐有趣的"吐槽"和"精分"式的角色扮演，却忽略了其中央戏剧学院导演系毕业的专业背景，视频剪辑和后期制作的专业性也是她得以脱颖而出的重要因素。

短视频在诞生之初是"平民化""低门槛"的代名词，但是，随着短视频行业的蓬勃发展，人们观看短视频时，越来越不满足于只看一些制作粗糙、随便剪剪的视频，剪辑、后期、画面等越来越多专业化的因素也成了短视频是否受欢迎的判断标准。高水平的短视频剪辑可以使其在众多的短视频作品当中脱颖而出，在最短的时间内就为用户留下深刻的印象，从而很大程度上提高用户转化的效率。

因此，当短视频的红利越来越引起人们的重视以后，如何进行短视频创作就成了短视频从业者的必修课。系统地学习短视频的制作方法可以帮助短视频制作者或团队快速提高自己的技术水平，从而通过精美的短视频作品在用户脑海中留下深刻的印象。而教授视频创作课程也就成了短视频实现盈利的新手段。

比如，腾讯课堂中就有专业的影视后期剪辑师推出了"零基础学剪辑"系列课程，内容覆盖了软件使用、粗剪精剪、图像抠像、调色校色、渲染输出等剪辑基础技巧。这些剪辑技巧是一个短视频作品在制作阶段中经常被用到的，是每个创作者所必须具备的能力。于是腾讯课堂就吸引来了许多正在或者打算进行短视频创作的用户，从而达到了盈利的目的。

随着网络的普及和国民教育水平的不断提高，人们已经不再满足于仅仅学习本专业的内容，终身学习已经成了社会的普遍要求，综合性、前沿性的人才，越来越受到各行各业的青睐，而掌握计算机和媒体相关技术的员工更是众多行业所重点渴求的人才，甚至有很多企业将"会修图、会剪辑"直接列入了招聘要求，在这样的条件下，视频创作的课程培训的意义，不仅仅是围绕短视频盈利的独特手段之一，更是促进剪辑技术的普及化、大众化和培养综合性人才的途径。

不过，目前在视频剪辑领域，国内除了专业院校以外，针对普通人的职业化培训还没有做得十分系统权威的机构，基本上都是各自为营，而普通人想要学习视频剪辑，要么只能找一些相关书籍或者教程，要么就是从满屏幕的广告里费心判断哪个教得更好。因此随着视频剪辑这门技术需求的普及化、平民化，在未来，提供生动专业的视频剪辑课程有望变成盈利的新风口。

如今有许多知名的短视频制作者也纷纷开设了网络课程，旨在传授自己在短视频制作过程中的经验及心得体会，从一个成功者的角度出发，讲解短视频在制作运营过程中可能会遇到的种种困难，自然而然地就会吸引许多用户到来，从而使其盈利。

2.3.2　短视频周边支持产品

短视频的盈利不仅仅依靠付费观看或者接广告收取广告费，现在，制作周边产品也变成了短视频常见的盈利手段。周边产品本来指的是依照动画、漫画、游戏等作品中的人物或动物造型为设计基础制作的产品。现在在短视频领域做扩大化解释，同样可以指以短视频的内容为设计基础所制作的产品。

想要制作出周边产品需要一定的制作过程，对于普通的短视频制作者而言，制作周边的生产线所产生的费用是他们所无力承担的。为了改善这一情况，能够通过短视频实现最大化盈利，如今有许多短视频投放平台打开了渠道，与短视频制作者合作生产周边产品。比如，新兴的短视频平台"抖音"就与其平台上的制作者一起出了一款含有"抖音"标志的 T 恤周边，在"粉丝"中广受好评。

尤其是以动画为主要短视频形式的团队，在推出短视频周边产品的时候，更容易获得用户的青睐。以《捡到一个小僵尸》这个动画短视频为例，如图 2-5 所示。《捡到一个小僵尸》是由声夜食堂制作的一个系列短视频，其中可爱的主人公小僵尸在广大用户的心中留下了深刻的印象，深受用户喜爱。以小僵尸为原型制作的周边产品也获得了不错的购买量。

图 2-5　《捡到一个小僵尸》周边玩偶

《捡到一个小僵尸》的周边在出售的同时，由于其样子可爱，还可以起到宣传的效果，其他用户在看到周边后也可能会出于好奇心理而在搜索引擎中进行搜索，从而通过这种方法扩大了用户群体范围，带动了短视频的盈利。

想要通过短视频周边来实现盈利，首先要使得短视频本身成为一个 IP。在当今新媒体领域中，IP 打造已经成为一个深受平台商家以及用户追捧的模式。当短视频系列成了 IP 之后，就意味着其在网络与现实生活中具备了更强的影响力，会被更多的用户所熟知，利用其形象制作的周边在出售的时候也会有更高的销售额，从而获得更多的利润。

利用短视频周边来营利，还应该考虑成本与最终收入的比例。在保证周边产品质量的同时尽量减少成本的投入。为了控制成本，短视频团队需要对制作厂家进行前期的调查，经过比对选出性价比最高的一家。与平台和商家合作出品周边也是一种非常好的方法，虽然在利益的获取上可能会有一定的损失，但是可以通过这种方法转嫁风险，提高盈利转化效率，使得短视频运营得更加顺利。

通过周边产品营利，利用的是"粉丝"对于短视频的喜爱心理，源于这种心理，"粉丝"愿意购买这些周边留作纪念，这与早期动漫领域中的周边产品是师出同源的。周边产品的销量也是与短视频的人气分不开的，可以说这是短视频真实人气的具象化表现，也是一种好的宣传方式。

2.3.3　短视频制作支持工具

随着短视频产业链的日趋完善，现在有很多软件公司都纷纷推出了不同的短视频剪辑软件，它们的功能各有不同，从入门级到专家级应有尽有，无论短视频制作者需要什么样的功能，都能够在不同的制作工具中得到满足。根据个人需求选取合适的短视频制作工具也是一名合格的短视频制作者所必备的技能。

图 2-6 中所显示的是一些短视频的入门剪辑工具，制作者在整理好素材后可以使用这些软件来进行一些简单的短视频处理。但是如果需要进阶级的短视频制作，还需要一些更加专业的短视频剪辑工具，例如 Adobe Premiere Pro（Pr）。由于短视频制作者对于制作工具的要求不断变高，在近几年 Pr 大有成为短视频剪辑标配软件的趋势。

图 2-6　简单的短视频制作工具

短视频的制作支持工具往往分为免费与收费两种。免费的短视频制作工具具备基本的短视频剪辑所需要的功能，可以满足短视频在制作过程中的基本需求。而且这种免费工具往往较为简单，对于短视频制作新人而言更容易上手，便于掌握。但是如果想要进一步优化完成的作品，仅仅使用免费的短视频制作工具是不够的。

在收费的短视频制作支持工具中分为一次性收费与后续收费两种模式。一次性收费的短视频制作工具是依靠工具本身来营利的，使用者付费购买工具的同时，开发企业就获得了利润。而后续收费这种模式下的短视频制作工具，本身是和免费工具一样可以直接下载的，但是在下载之后，只有基础的功能可以使用，如果想要使用一些较为高端的短视频制作功能，就必须付费单项购买。在这种模式下，开发企业想要营利就需要依靠不断提供功能升级。

一次性收费的软件往往价格昂贵，但是短视频制作者可以一次性就获得全部的功能。而后续收费的软件虽然其主体是免费的，但是想要获得好的使用体验，就不得不后续不断购买。两种模式都可以通过短视频制作软件来进行营利，开发者要根据实际的情况来进行选择。

除去这些专业的短视频剪辑制作软件以外，现在各大短视频投放平台的 APP 也都逐渐开始支持即时拍摄短视频、即时发布。这些 APP 也同样支持短视频后期处理功能，令短视频制作者可以方便快捷地添加滤镜、文字、贴纸等，大大缩短了短视频的制作周期，真正做到可以即时拍摄、即时投放，避免错过热点话题的时效性，避免短视频热度降低。

短视频能够实现盈利是维护团队及平台继续发展的唯一方法。利润获取得越多，团队所能投入到后期制作短视频的成本也就越多，最后成品所呈现出的效果也就越好，从而形成了一种良性循环。短视频团队在选择盈利方式的时候还是应该根据短视频内容以及目标用户的特点来进行，这样才能在最短的时间内获得最高的利润，从而形成一种良好的发展模式。

第 3 章

需求定位：找准发展"蓝海"

3.1 目标市场定位：同类短视频分析

市场定位指的是一个商品为在目标消费者心目中相对于其他同类竞争产品而言占据清晰、特别和理想的位置而进行的安排。制作者如果想要创作出受观众喜爱的短视频，就必须明确其市场定位，明确其与其他同类短视频相比的独特性，这样制作出的短视频才有足够的竞争力。

3.1.1 选择合适的目标短视频

在真正制作短视频之前，首先要明确自己的制作方向，然后找到之前已经获得成功的同类型短视频加以学习。这种学习自然不是要求制作者照搬别人的制作经验，而是以其作为目标，分析对方为什么能获得成功，以及对方的短视频中还存在哪些相应的不足，就这样建立起一个自己的短视频制作模板，避免走弯路。对于短视频目标的选择，还应该注意到以下两个方面。

1. 避免大热题材

热门题材虽然受众群体较广，但是其中的竞争也同样激烈。同一个主题的短视频有太多的制作者选取，这就导致了在该主题上创新的难度增大，尤其是在这个热门题材不是由你首先发现而是跟风学习的时候，等你的短视频制作完成，这股热门风潮已经消退了，这样就导致了该短视频的推广困难，难以打开观众市场。

而且大热题材的流行时间往往是非常短暂的，短视频团队在选择目标短视频的时候，还是应该按照其目标用户的需求来进行。经典是永远不会过时的，经典的短视频形式可以有更长久的生命力。短视频团队应该从经典案例中整理出模板，然后再根据实际情况在其中填充上自己原创的内容，从而制作出高水准的短视频，同时还避免了让用户产生审美疲劳的可能。

2．避免生搬硬套

每一个短视频制作者在筹划该短视频的时候都会考虑到自身的条件，依照自己的优缺点扬长避短才能制作出一个成功的短视频，这就意味着目标短视频中不是所有的优点都是适合你的。学习目标短视频是一个丰富自己阅历的过程，在这个过程中必须要根据自身条件来进行把控，想让一个完全不懂音乐的人在短时间内就能弹得一手好琴可谓是天方夜谭，想要制作出一个能打动观众的短视频就必须要挖掘出自己真正擅长的方面并予以展示。

学习别人的短视频制作方法并不是走捷径，这需要大量的数据才能整理出其成功的共性，是一个前期积累的漫长过程。目标短视频的选取一定要足够慎重，虽然如果短视频没能一次就大获成功，制作者还有更改调整的机会，但是在调整过程中，制作者又需要再次收集大量的数据给予理论支撑，未免太过于耽误时间。

短视频的类型是多种多样的，团队为了达成不同的目的，在选择目标短视频的时候一定要慎重考虑。目标短视频的选取要与自己最终的目的趋于一致，尤其是在感情色彩方面。例如想要推广产品，最好选择较为轻松的短视频形式，而如果是想要塑造内容本身，短视频团队不妨选取较为严肃的目标短视频形式。目标短视频的选取对于最后成品的质量有很大的影响，短视频制作者在这一方面必须经过前期的调查研究、数据分析之后才能最终做出决定。

3.1.2　确定短视频分析维度

在收集了一定量的同类短视频的相关数据之后，制作者就应该开始对这些数据进行分析。这种分析必须按照自己的短视频制作构想有针对性地进行，想要做到全面的分析，就必须确定短视频分析的维度，如图 3-1 所示。

1．目标

目标的确立是短视频制作最基本的部分，有了目标才能够对后续的内容进行安排。目标的确立需要思考"你希望短视频达到什么样的效果""为了达到这个效果你愿意做出什么样的努力""在整个筹备阶段你愿意付出多少时间精力乃至金钱"等问题。这些问题都是再实际不过的，如果不能加以确立，那么在后续的实践过程中必然会遇到各种各样的麻烦。

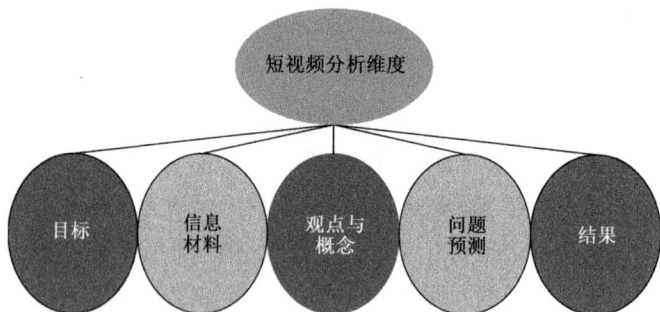

图 3-1　短视频分析维度

2. 信息材料

在确立下目标之后，制作者所要做的下一步工作就是收集信息材料。信息材料的选取必须要切合制作者所选取的主题，只有切合主题的内容才不会令观看者产生脱节感。在信息材料的收集过程中，首先要注意的就是版权问题，没有版权的信息材料不能乱用，以免发生法律上的纠纷。这些素材最好由制作者进行拍摄录制，或者购买使用权，这样虽然前期投入较大，但是减少了风险，避免产生在短视频投放之后却因为版权问题而被平台强行要求下架的尴尬局面。

3. 观点与概念

每一个短视频都必然会体现出制作者的观点，很明显，制作者在短视频素材的选取上必然要与这个观点相匹配。观点本身是不存在对错的，但是却存在是否符合大多数观众想法这一问题。能被大多数观众所认同的观点才能使短视频传播得更广，才能使受众群体的范围最大化，所以短视频观点的选择尤其是在一些持有不同观点的两方冲突较为激烈的话题上，制作者还应该更加谨慎。

概念指的是将事物的本质特点抽象出来加以概括的一种表达方式，是人类对事物的客观认知的主观表现。由于概念的这一特性，每个人对于相同事物的概念可能会有不同的认知。在制作短视频的过程中，必然要提到很多事物或者现象，对于这些事物和现象制作者本身会有一个概念认知，但是这种认知是否与观众所持看法相同还有待商榷。所以制作者在短视频中提起一个概念之前，必须要对该概念背后的深层含义加以解析，这样才能避免令观众的理解产生偏颇。

4. 问题预测

在短视频的制作过程中必然会遇到各种各样的问题，作为制作者，在问题发生之前就应该做出相应的预测，针对问题提出多个解决预案，绝不能等到问题发生后再想办法，否则会导致短视频制作周期延长，对于人力物力都是极大的消耗，甚至严重的情况下还可能会导致整个短视频制作失败。所以制作者在开始着手之前必须要有全局观念，防患于未然。

5. 结果

在短视频的制作问题上，很多人会忽略考虑结果的重要性。结果是一个制作者在制作短视频这一行为上所要达到的最终目的，这就意味着制作者在过程中的全部行动都要为这个结果服务。如果你做短视频的目的只是想要分享自己的观点，那么内容的组织核心点是令自己满意，而如果目的是要获得高人气，那么就必须要更多考虑观众的看法，每一种结果都是有得有失，需要制作者自己来取舍。

分析归纳整理是在着手制作短视频之前每一个制作者都必须经历的阶段，掌握系统的短视频分析方法可以令短视频制作者能更全面地看待问题，在众多的短视频拍摄方案中挑选出风险最低、回报最高的那一个，大大提高制作短视频的效率。

3.1.3　建立短视频分析画像

短视频分析画像指的是将网络各大平台上的短视频进行分析归纳整理，从其中将不同类型的短视频分别开来，将抽象数据具体化表现的一种形式。短视频分析画像可以最直观地体现究竟什么样的短视频才能获得高人气，从而帮助制作者对题材进行选择，图 3-2 所示就是短视频常见的几种类型。

1. 电商

电商类短视频是为了向用户展现其商品的，所以在内容的选择上也是以突出商品的特质为根本。电商所针对的用户群体本身是消费者，在短视频内容的安排上就要多考虑用户的消费心理，从而促使其产生消费欲望。现在像淘宝这种大的电商平台已经开始推出自己的短视频渠道了，通过这种方法增加商家与用户之间的互动，从而提高营业额。

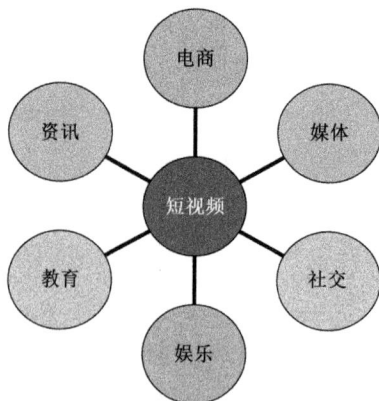

图 3-2　短视频常见类型

2. 媒体

媒体类短视频是随着网络科技的发展，从传统的媒体形式发展而来的。媒体是传播信息的媒介，其传播的信息既可以是即时的，也可以是非即时的，这与不同媒体对于自身的不同定位有关。

媒体类短视频注重的是对于信息的分享，是一种内容型短视频形式。现在网络中许多自媒体账号都是基于这种形式的。制作者如果想要采取这种形式来进行短视频的创作，就必须要注重内容的打造，只有高质量的原创内容才能够满足目标用户群体的需求，从而获得更好的发展前景。

3. 社交

社交是每个用户在日常生活中都离不开的，想要做好社交类短视频，制作者必须要依托于平台。例如快手、抖音等社交类短视频平台，各自有其特色，短视频制作者在进行选择的时候要根据自身内容的特点来选取更为适合的平台。

社交类短视频需要制作者与用户之间进行互动。用户往往对于陌生人的生活存在着一些好奇，制作者通过短视频这一形式分享自己的生活，可以满足用户的这种心理，并且频繁的互动还可以增加用户的黏着性，使其能够快速转化为忠实用户，对于短视频的未来发展有很大的好处。

4. 娱乐

娱乐类短视频是以为用户带来欢乐为基本目的的。制作者在打造此类短视频的时候要注重其幽默性，越幽默、越搞笑的内容也就越容易受到用户的欢迎。用户选择此类短视频本就是为了放松，所以娱乐类短视频要保证其整体基调的轻松性。

在娱乐的基础上，短视频的内容还要做到雅俗共赏。太过低俗的内容虽然在短时间内可以满足用户的猎奇心理，从而受到关注，但是长此以往绝对无法获得更好的发展；而太过高雅的内容则会使得用户难以理解，从而失去兴趣。

5. 教育

教育类短视频由于其形式本身的特点，需要制作者在较短的时间内就必须要讲清楚一个知识或者一个技能。为了做到这一点，制作者在策划阶段必须要抓住重点，然后结合当下的潮流，在短视频中以有趣的方式来传授知识。

教育的范围是非常广阔的，其覆盖的用户人群也是非常大的。科普类短视频也被包含在这个范畴当中。此类短视频适合有明确目的的用户，使其可以充分利用生活中的碎片时间来进行学习。教育虽然本身是严肃的，但是制作者在完成此类短视频时还是应该选择较为有趣的方式，这样才可以使得之前没有接触过此类知识的用户，能够在很短的时间内充分理解，学有所得。

6. 资讯

现在有越来越多的用户开始通过短视频这一媒介来了解每日的资讯。资讯类短视频可以使得用户在单位时间内获取到最多的资讯，这在如今的快节奏生活当中，可以帮助用户节省不少的时间。

资讯类短视频最大的特点就是方便快捷，为了能够保证这一点，其往往是由一个团队来进行制作的。依靠团队的力量，成员之间进行分工合作，可以最大限度地保证制作的效率，从而可以将资讯第一时间推送给用户。只有这样才能保证其在同类短视频中的竞争力。

想要建立短视频分析画像，必须要在各大平台上收集不同的短视频播放数据量的差别，然后建立模型加以分析。这必然需要漫长的过程来处理庞大的数据，但是对于一个短视频制作者而言，这种前期准备却是必需的。建立短视频分析画像有利于制作者在后期直接选出最适合的题材，同时对于目标人群的定位也有着不可或缺的帮助。

3.2　目标人群定位：找准需求

运用短视频进行营销，和其他任何一种营销方式相同，都必须要根据用户的需求来进行定位。目标人群的选择是否准确是短视频营销是否成功的重要因素之一，下面我们就来说明一下如何确定目标人群。

3.2.1　大数据建立用户画像

在讲解如何确定目标人群之前，首先要讲解的是什么是用户画像。用户画像指的是将一系列真实的用户数据抽象地虚拟成一些用户模型，然后对这些用户模型进行分析，找出其中共同的典型特征，细化分成不同的类型。再根据这些细分出来的用户画像来进行用户需求分析。

用户数据分为静态信息数据与动态信息数据两大类。静态信息数据比较容易掌握，因为其是自产生就不会发生太大变化的。而动态信息数据在收集时较为困难，因为其是实时变化的，根据用户在不同时期的喜好有不同的特点，这也是短视频制作者在前期收集时需要更加关注的。因为动态信息数据真正体现了用户的好恶，是制作者在题材选择问题上最明确的指导方向（见图3-3）。

动态信息数据由于其变化较大，所以需要短视频制作者长期进行追踪、收集，并且从其变化中分析出目标用户需求的改变，这样才能根据该变化对短视频未来的发展道路进行调整，保证短视频发展的稳定性。

建立用户画像实际上是将用户标签化的一个过程。在经过数据收集、行为建模后就可以构建出用户画像，如图3-4所示。而在用户画像被建立之后，可以让短视频制作者在制作短视频的时候更好地抛开自己的喜好，精准地按照目标人群的喜好来对短视频进行设计，永远将焦点固定在具象化的用户画像上，避免焦点分散导致短视频成品内容脱节，这样使得制作者在对短视频进行设计的时候更为容易。

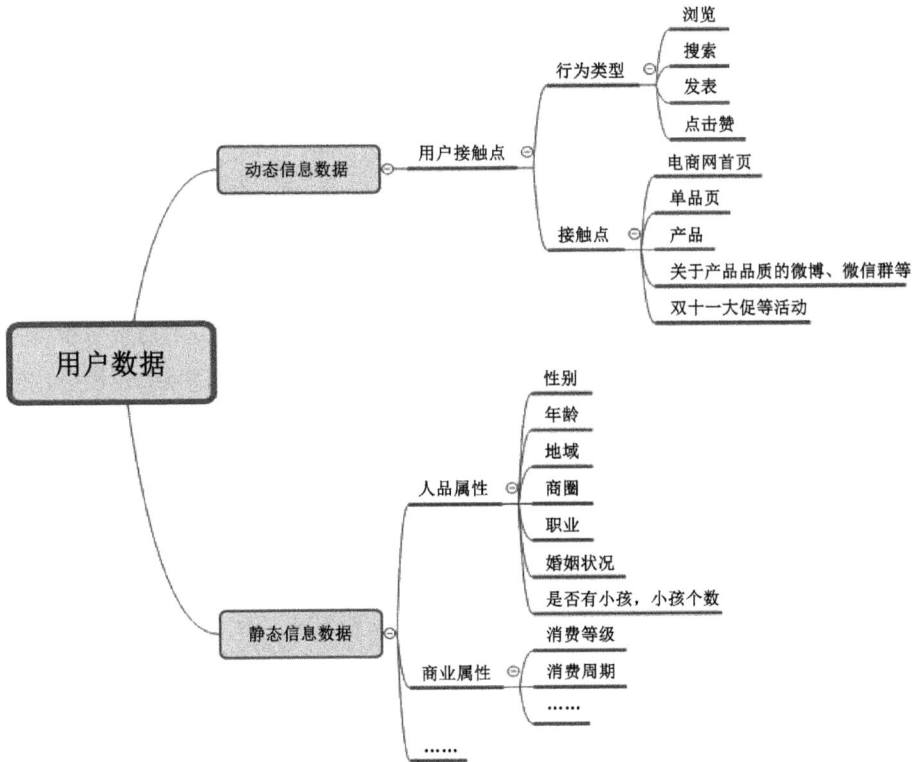

图 3-3 用户数据分类

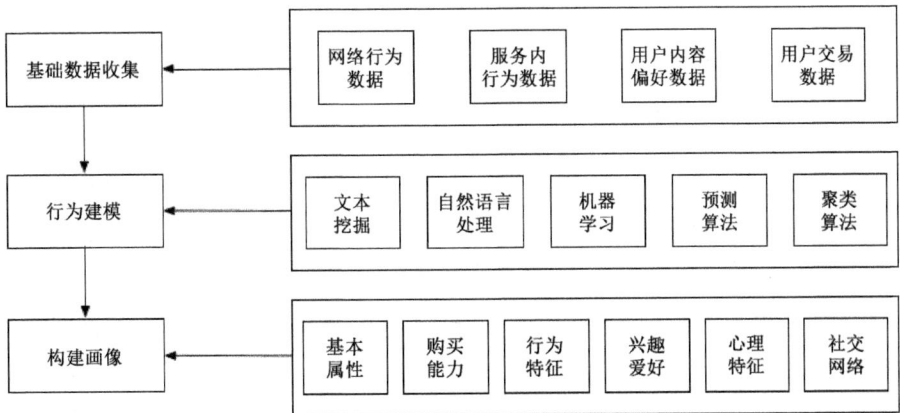

图 3-4 用户画像构建过程

用户画像的建立有利于短视频制作者通过计算机等科技手段来对目标群体进行筛选，但在产生多个用户画像的时候还是需要制作者根据目标群体的优先性来进行筛选，避免不同的目标群体的需求产生冲突。

3.2.2 输出用户需求模型

对于一个短视频而言，由于其观看群体的复杂性，观看者的需求是多种多样的，单独的某个短视频是不可能将所有观众的全部需求都满足的，在这种时候短视频制作者就应该建立用户需求模型，从而更简便地将用户的需求按照重要程度进行排序。Kano 模型就是一个可以帮制作者解决问题的用户需求模型，如图 3-5 所示。

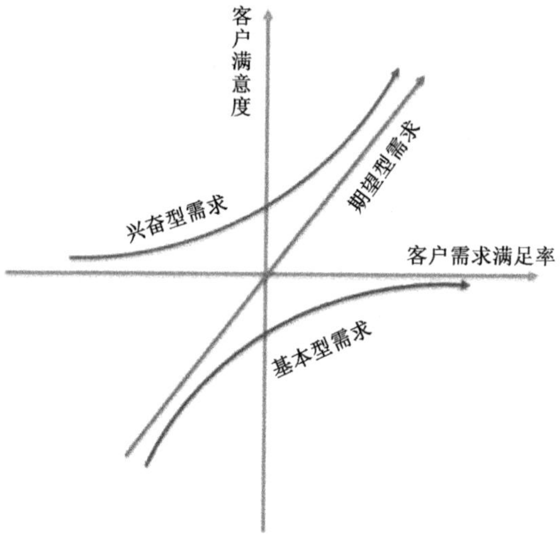

图 3-5 Kano 模型

Kano 模型是由东京理工大学教授狩野纪昭发明的，其主要作用是在将用户的需求进行分类后按照重要程度再进行排序。短视频制作者如果采用这个模型对所收集到的用户需求的相关数据进行分析，可以高效率地得出短视频内容所要满足需求的轻重缓急，帮助制作者更好地制订计划。

Kano 模型根据用户不同需求的重要程度，将其分为了 5 类：基本型需求、期望型需求、兴奋型需求、无差异型需求和反向型需求。这 5 类重要程度依次递减，也就意味着短视频用户的基本型需求是必须要满足的，而反向型需求则是不应该做的，如果出现反而会适得其反，引起用户的不满。

根据图 3-5 我们可以看出，纵轴越向上客户的满意度越高，横轴越向右客户需求的满足率也就越大。基本型需求是基础，短视频的内容必须要满足用户的基本型需求才能得到用户的认可，如果没有达到的话就会招致用户的不满。

期望型需求指的是用户在观看短视频之前所预期中想要达到的那部分需求，也就是所谓的"痛点"。期望型需求虽然不是必需的，但是一个短视频作品的内容如果可以满足这部分需求，在与其他同类短视频进行竞争的时候，就会有极大的优势，在用户的心里也会留下无可替代的印象。

兴奋型需求对于客户的需求满足率的提升，是有重大影响的。用户在观看短视频的时候如果兴奋型需求被满足，其需求的总体满足率就会急剧上升。想要满足用户的兴奋型需求就需要短视频制作者给予用户出其不意的惊喜。惊喜的内容就是用户的潜在需求，如果短视频可以满足，则有利于快速提高用户的忠诚度。

所以制作者在制作短视频的过程当中，应该在收集整理分析数据后，根据该模型，确定用户需求的综合的最高点，通过对短视频用户需求的深度分析来对制作内容不断地进行调整，主动对用户的满意度进行升级。只有这样才能保证用户的黏着性，避免用户的流失，保持短视频发展的稳定性。

3.2.3　内部观评&用户访谈

在一个短视频制作团队的初期，在早期作品完成后首先应该由全体成员共同观看，然后分别提出意见。因为在一个团队当中，每一个成员所负责的都是部分的工作，观看完整的成品是非常有必要的。一个团队中的不同成员相当于有不同需求的观众，每个成员在观看后都应该提出自己的意见和建议，从而进行短视频完成后的第一轮的用户反馈数据收集。

内部观评也是一个自我审查的过程。短视频团队内部的成员，大多数对于短视频行业都是有一定的了解的。进行内部观评可以使得成员从专业的角度来进行一轮评论，一一找出存在的问题后可以整理记录下来，在未来的短视频作品中避免出现相同的问题。

在该短视频正式投放到平台上以后，还应该时刻跟进用户的反馈，进行用户访谈。在用户访谈这个阶段，负责这一方面的短视频团队里的工作人员必须要注意技巧。在进行用户访谈的时候虽然需要多问问题，但是应该避免不停地问对方"为什么"。因为如果这样做的话，很容易会引起用户的反感，然后随便编个理由告诉你，导致不能得到真实有效的用户反馈。

对于问题的安排，负责的人应该将问题细化，最好令用户只需要回忆就可以回答。例如负责人可以问"您最喜欢短视频中的哪个场景呢""最开始您是怎么看到我们的短视频呢"这类问题，这样才能够得到最切实有效的用户需求，从而帮助制作者对未来的短视频进行调整。

用户访谈同样是一个与用户进行互动的过程，这种方式互动范围广，可以广泛地了解到用户的需求。而且用户访谈的灵活性较强，访问者可以根据用户回答的实际情况来调整接下来的问题，确保最后所得到的信息都较为具体。由于用户访谈是一对一的形式，最终的成功率也较高，是短视频团队对于用户需求的一个极好的了解途径。

3.3　同道大叔：为用户定制星座

同道大叔是微博上的一个知名的女性账号，其主打内容是星座相关的话题。在女性账号这个领域，同道大叔可谓是第一人，每一个对星座感兴趣的女性几乎都曾听说过或者看过他的星座"吐槽"。

3.3.1　同道大叔如何定位产品和需求

关于产品的定位，一般分为以下三种：根据共性，为市场提供一种商品；尊重差异，为市场提供不同商品；仅选择市场中细化的某一类，仅提供针对这一类的商品。同道大叔采取的是第二种。他根据女性市场中的不同需求，为不同的用户群体提供不同的产品，从而迅速笼络住大量的"粉丝"。

同道大叔的微博上一共有超过 1300 万个"粉丝"，这些"粉丝"是他日积月累积攒下来的，如图 3-6 所示。最初他只是在微博发表一些关于不同星座人的不同特征的小段子，后来他开始画一些与星座相关的搞笑漫画，最后他甚至开始制作一些以各星座作为主题的搞笑短视频。同道大叔在不同阶段的不同产品输出，体现出的是一个文字—图片—视频的信息传播形式的升级，他的每一次升级在用户群体中都会造成更大的反响。

同道大叔 V　　粉丝：1358.4万　　微博：1.2万
转发微博　查看全文>>
01:34 - 新浪微博

图 3-6　同道大叔微博"粉丝"数

同道大叔的产品定位，本质上是针对女性的情感与社交，而星座分析则是其中的一种表现形式。在女性群体之间，进行社交的时候经常会提到星座，几乎生活中所有遇到的人和事件都可以与星座产生联系。在这样的情况下，星座似乎就成了一种开始话题的切入点，同道大叔同样是以星座为一个主要话题，通过对女性心理的精准把控，以星座分析的形式，为用户提供情感上的建议，从而真正打动对方。

同道大叔为了能够最快速地收集用户的数据，曾经在微博上发起过有关于"你是怎么看待某个星座"的相关话题讨论。这些话题一经推出就吸引到了大量的"粉丝"留言。通过这些留言，同道大叔很快就收集到了目标群体对于不同星座人群的已有印象并且加以整合，在后来的"条漫"及短视频作品中都根据用户的喜好来设定主题。

同道大叔对于热点的把控也是非常精准的。在之前的很长一段时间里，网络中一直流传着一种"黑"处女座的风潮。有的人是因为曾经与处女座之间发生过什么故事，有的人只是单纯地跟风。在这个情况下，同道大叔为了能跟上热点，曾经多次提到自己作为一个处女座发生了什么样的事情，但其实同道大叔根本不是处女座的，他只是为了建立出一个记忆点来让目标用户群体对他产生认同感。

对于 1300 万"粉丝"如此庞大的基数，同道大叔想要把握他们的全部需求无疑是非常困难的，庞大的用户数据对于一个网络营销账号而言是难以独立分析全面的，在这种情况下他必须把握住用户群体的共性，建立用户画像，然后以星座这一主题作为连接点，将不同的用户画像区分出来，找到其各自的个性，才能达到最大限度满足各种用户需求的目的。

3.3.2 同道大叔获取"粉丝"狂热拥护的原因

同道大叔之所以能取得如此大的成功，是因为他把握住了女性的心理需求。女性心理需求指的是女性基于自身的心理特征，在生活中获得的独特的心理满足情绪。满足女性的心理需求也就意味着把握住了女性这一用户群体。女性的心理活动与男性有较大差异，大多数的女性都更加感性。由于这种因素的影响，女性中相信星座的比例也同样较大。

人和人之间必然存在着共性，在把这些共性提取出来然后再加以阐释的时候，就很容易得到大众的认同，从而产生群体效应，当越多的人认同这一道理时同样会影响到你。当这种行为形成一个完整的体系之后，基于该理论发表的言论就变得有权威性，从而得到更多人的认可。

现在我们所提到的星座，大多专指黄道十二宫。这是由西方流传而来的一种将一年平均划分为 12 份，然后以黄道十二宫中不同星座命名的一种占星方法。在同道大叔之前研究星座的人还有很多，在早期的一些女性杂志上还会专门设有星座专栏，专门按期发布关于 12 星座的每月运势。作为这种前人已经有了一定成果的主题，为什么同道大叔还能从中取得成功呢？下面就来讲一讲同道大叔能够拥有如此庞大"粉丝"群体的原因，如图 3-7 所示。

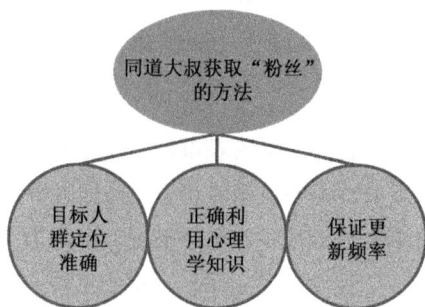

图 3-7 同道大叔获取"粉丝"的方法

1. 目标人群定位准确

同道大叔最早涉足星座这一领域是因为他在某个商场中恰好听到几个小姑娘聊天，他发现她们不管说到什么，没有几句话就会提到一次星座。这令他萌生了以星座为切入点的念头，开始创建同道大叔这个微博账号。自此之后他始终将目标人群定位在年轻女性上，现在其"粉丝"群体中 69.7% 是女性，80% 是 90 后。

2. 正确利用心理学知识

心理学上有一种说法叫作巴纳姆效应，指的是对于一般人而言，他们很容易相信一个笼统的、一般性的人格描述，并且认为该描述就是为他量身打造的。巴纳姆效应的产生是每个人的主观心理所影响的。每个人都有"自我"的这一部分，当他们愿意相信一件事的时候，他们会在大脑里找到各种事例来支持该理论。

星座就是最好的体现巴纳姆效应的一个实例。从同道大叔的微博中可以看出，他最常使用的句式就是"某某星座的人是……"这种笼统的下定义的话语，但是由于这些话语中大部分所包含的都是正面积极的话语，这与人们愿意相信的事实类型相符，这就造成了用户对于这些微博的内容深信不疑，从而就变成了同道大叔的狂热"粉丝"。

3. 保证更新频率

在这个网络信息量爆炸的年代，想要获取足够的关注度，必须要将更新频率保持在较高水平上。同道大叔最早是在微博上发布有关星座的情感类搞笑漫画，基于微博的特性，他几乎每两天更新一次，这样在早期的目标群体中就留下了深刻的印象，迅速笼络住了一部分"粉丝"。而等到后来他开始投放一些星座搞笑类短视频时，也同样保持着较高的更新率，保证了曝光度，牢牢地抓住了这部分有相关需求的"粉丝"。

同道大叔的成功，显示出了对于建立用户画像在短时间内找准市场定位的重要性。他在网络上取得了一定的知名度后，也开始进行线下的营销活动，和多个商家进行商业合作推出周边，甚至还与民生银行合作，推出了以 12 星座为主题的银行卡。在 2016 年 12 月，同道大叔的同道文化被美盛文化以 2.175 亿元收购了 72.5% 的股权，而同道大叔本人也从中获利 1.78 亿元，成功将虚拟财富转化为实体财富。

第 4 章

短视频内容策划：新、奇、快

内容是一个成功的短视频作品中最重要的部分。制作者在对短视频内容进行策划的时候，必须要结合用户的需求来确立主题，适合的主题可以使得最后的完成品能够最大限度地受到用户的欢迎。在确立了主题后，就是对短视频主体内容的制作了。短视频的内容有三大要求：新、奇、快。新，指的是短视频的内容足够创新；奇，指的是其内容的切入点足够奇特；快，指的是短视频的节奏保证用户可以快速进入高潮部分。对于一个成功的短视频而言，这三点缺一不可。

4.1 内容定位："颜值派" 转向 "内涵派"

随着社会化媒体的极大发展和内容生产形式的不断升级，网络红人也呈现出爆发增长的态势。2016 年初，"一个集美貌与才华于一身的女子"papi 酱突然出现在人们的视野中，她一改以往"网红"走红所需的锥子脸、炫富病、摆拍照等炒作作风，而是用自导自演的"吐槽"式短视频一举俘获人们的心。papi 酱的短视频切中社会时事热点，通过 papi 酱自身极具渲染力的尖锐"吐槽"，让众多"粉丝"过够了"吐槽"瘾。人们纷纷宣称，以 papi 酱为代表的"内涵派网红"，正在以这种方式取代以往的"颜值派网红"。

透过 papi 酱的成功可以看到，现今的时代是一个以优质内容为王的时代，短视频作为内容的又一大形式，必然承载着这种精神。下面就来具体看一下短视频时代，内容定位该何去何从。

4.1.1　内容主题切中个性和趣味性

在快消品时代，产品的种类和数量都极大丰富，琳琅满目的商品以及层出不穷的新产品、新概念、新口味让消费者陷入眩晕的地步，并且，与此同时增长的还有消费者日益多样化的需求。此时，个性化和定制化便成为消费者的青睐所在。当然，在这个娱乐时代，任何的产品都逃不开趣味这一要素。

以上所说的虽然是快消品，但这一现象完全可以适用在"内容"这一战场上。短视频的出现又为内容创业带来一个极低的发展门槛，内容的泛滥又上升到一个新的高度和层级。面对这样的内容红海，用户已越来越渴望看到原创的、带有个性和趣味性的优质内容。细数那些乘上自媒体而大红大紫的"网红"，大都为"粉丝"输出了独具个人特色的内容。以原创短视频吸取了众多"粉丝"眼球的 papi 酱为例，来看一看她是如何定义个性和趣味的。

papi 酱毕业于中央戏剧学院，凭借其所具有的表演和媒体资源进入短视频的自导自演中来，并且于 2016 年 2 月，凭借由变声器所发布的原创短视频内容而走红网络。

papi 酱之所以能够凭借原创短视频迅速红遍网络，同其视频内容的个性化和趣味性是分不开的。papi 酱的短视频大多聚焦时事热点和人们现实生活中的真实情景，深入挖掘"吐槽"点，给人们带来极具个性的"吐槽"体验。

并且，papi 酱的"吐槽"不是为了"吐槽"而"吐槽"，她表达了很多人想说却因种种原因无法说出口的心声，尤其是戳中了当下很多年轻人"内心深处对于人生真相的凝视"需求。这种直击内心、深入人心的内容才是真正满足人们个性化需求的典范，从而更深层次地传达出 papi 酱短视频内容的个性。

比如，点击率极高的《男性生存法则系列》，在《男默女泪》一期中，papi 酱站在女性的角度，对女性和男性对于事物的看法如此不同且男性总是无法明白女性的想法这一生活现象，进行了言辞激烈的"吐槽"。虽然这种现象生活中十分常见，但 papi 酱用鲜明犀利的言辞说出了很多女性的心声。图 4-1 是 papi 酱在爱奇艺上的周一放送节目《男性生存法则之男默女泪》。

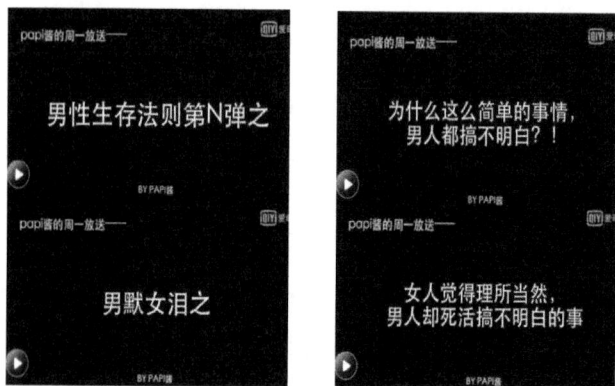

图 4-1　男性生存法则之男默女泪

除此之外，papi 酱的短视频能够吸引众多"粉丝"的目光还因其趣味性。papi 酱的"吐槽"虽言辞犀利但却不令人生畏，反而能获取到一些好笑有趣的"吐槽"点，再配上 papi 酱充满趣味性的声音和表演，时常会让"粉丝"开怀大笑。

papi 酱用个性化和有趣的短视频"吐槽"发出了现代社会生活下一群最广泛、最类似的群体的心声，这为 papi 酱加入微博的付费分发社区，并在其中设立不设限青年研究所奠定了用户情感和价值基础。图 4-2 为 papi 酱所成立的不设限青年研究所界面。

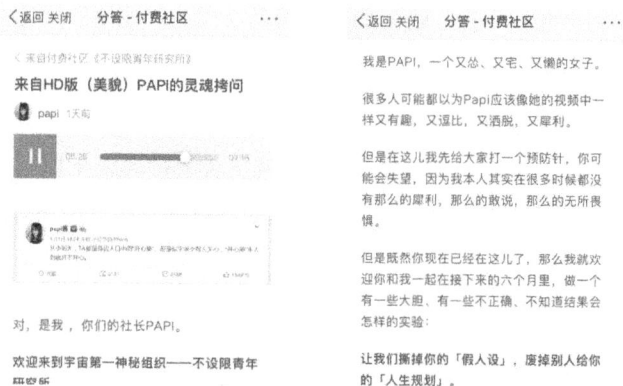

图 4-2　papi 酱的不设限青年研究所

从 papi 酱所宣称的"撕掉假人设，废掉别人所加诸的人生规划"，可以十分强烈地感受到 papi 酱对于个性的宣扬，而这也是她的短视频独具的风格。papi

酱通过短视频向"粉丝"传达的对于生活的个性理解，归集了一大批拥有同样个性主张的青年一代。当然，以充满趣味性的方式传达给"粉丝"一直是 papi 酱的原则和做法。

4.1.2　挖掘热点，深入表现

巧妙地借用热点话题，可以帮助短视频快速升温。热点话题的选用要根据短视频目标用户的定位来进行选取，运用该部分用户更加感兴趣的热点话题，可以起到更好的效果。而如何寻找到热点话题就是短视频制作者所要面对的关键性问题了。下面就来介绍两个热点话题发掘途径。

1. 百度搜索风云榜

百度是全世界最大的中文搜索引擎和全中国最大的搜索引擎，其上每日有数以亿计的用户进行搜索。百度在收集了这些数据后，会根据关键字进行分析归类，计算出搜索指数形成榜单，供其他用户参考。

图 4-3 是百度搜索风云榜，从中可以看出，其分为两个板块：实时热点与七日关注。短视频制作者可以根据这两个版块中的排行来进行话题选取。实时热点的话题往往迅速引爆，发酵速度较快，这就要求短视频的完成也必须保证高效，这样才能得到热点的助力。而七日关注中的话题虽然也是热点，但是得到了用户的长期关注，制作者能够拥有更充足的时间来打磨短视频作品，对内容进行深度挖掘。

图 4-3　百度搜索风云榜

2. 微博热搜话题榜

微博是现如今用户在网络中使用最多的社交平台之一。用户在微博上检索信息，互相分享，对热点话题进行讨论。所以微博热搜话题榜的数据对于短视频制作者而言，是十分具有参考价值的。

图4-4是微博热搜榜,从中可以看出,其分为了四个部分。其中"微博热搜"与"热搜榜"都是对于实时热点话题的统计,短视频制作者可以根据这个榜单来选取相应的热点话题。值得注意的是"好友搜"这一板块。"好友搜"会将该微博账号互相关注的好友所搜索的话题按照热度进行排列,短视频制作者可以关注一些目标用户,然后收集其每天关注的话题是什么,从而选取到最适合的热点话题。

图4-4　微博热搜榜

热点话题的选择必须要有价值,具有传播性,能够快速在用户群体之间造成影响。这样完成的短视频在推广的时候才能得到最好的效果。短视频的内容必须对该热点话题进行深入的挖掘,这样才能做出最具创意的原创作品,从而打动用户。图4-5是热点话题结合时的常见方法。

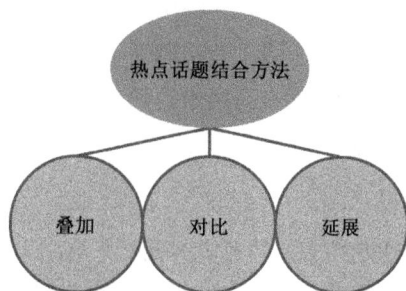

图4-5　热点话题结合方法

（1）叠加

一个热点话题能够获得的关注是有限的，为了能够扩大用户受众群体，短视频制作者可以采用热点话题叠加的方法。将两个本没有直接关系的热点，寻找其中的内在连接点，从而使其发生联系。

热点的叠加一方面可以受到更多用户的关注，另一方面也可以使得短视频内容更加富有创意。热点话题爆发的时候，一定会有许多同类短视频在相近的时间发出，制作者想要从中脱颖而出，创意是最重要的。具备创意的内容可以使得用户在观看过后留下更加深刻的印象，从而达到良好的运营效果。

（2）对比

热点话题虽然往往具有时效性，但是不同时期的热点却可能含有一定的相似度。在这种时候，短视频制作者就可以将这个新兴的热点与过去曾经引起过用户关注讨论的热点进行对比，从而引发用户对于过往的回忆。

相似热点话题的对比还可以使得制作者在内容上能够更加深入地挖掘，通过对比的形式，来体现出为何此类事件频频出现，从而向用户传达更加深刻的观点见解，获得其认同。以现如今被用户重点关注的"医患纠纷"这个热点话题为例。几乎每几个月都会爆发出一个医患矛盾相关的热点，从急救医生被患者家属暴打，再到儿科护士被高跟鞋打伤，这些热点事件虽然发生在不同的时刻，但是其中所蕴含的本质原因却是共通的。短视频制作者可以在对比后进行分析，使得内容做到有理有据。

（3）延展

一个热点话题的出现，背后所体现的却不仅仅是其本身。制作者对一个热点话题进行延展性思考，就是一个深度挖掘的过程。在这个挖掘过程中，可以寻找到更有特色的切入点，从而使得最终完成的短视频与众不同。

4.1.3　打造独特的短视频标签

在当今的网络社会当中，由于短视频行业的不断发展，各大平台上的短视频作品层出不穷，作为一个短视频制作新手，想在其中谋得一席之地有很大的困难。想要积累用户，首先需要的是被用户记住，而打造一个独特的标签，是非常好的一种方法。

标签化是现如今生活中十分常见的一种现象。无论是出生年代、地域、爱好都可以成为一个人的标签。标签化使得一个人或者物被进行了分类，形成了固定的一个形象，而其他用户在看到时首先想到的就是这个标签，而在看到标签时，同样也会想起这个人或物。为短视频打上独特的标签，也就增加了一个记忆点，便于给用户留下深刻的印象。

给短视频订立标签是需要经过制作者深思熟虑的，因为一旦确定就不能再随意更改，避免使用户感到混乱。短视频的标签必须与其内容主旨相关联，这样才能令用户将该标签与内容本身进行联系。短视频的标签为了能有辨识度，必须要有独特性。如果是一个描述类词语的标签，就必须要具体一点，与主题相关。比如，"搞笑"这个标签就不合格，因为其过于常见了，而"办公室搞笑"就更具体了一些，更加有代表性。

短视频的标签在确定下以后，往往就是固定不变的。短视频的运营之所以能够比文字图片更有推广力，就是因为其不断推出作品的过程，就是一个人性化以及个性化的过程。所以标签在被用户接受后就会牢固地一直跟着该短视频，后续产生的经济效应也会围绕着这个标签展开。

标签被不断突出、不断加强，在用户脑海中留下的印象也会越来越深，这样就会成为无可替代的一种存在，从而很大程度上加强了用户的黏性。标签与短视频紧密相连，可以使得其在推广过程中变得更加容易，获得更高的话题度。

4.1.4　结合已有资源打造生态圈

短视频随着不断地发展，逐渐形成了一个个生态圈，不同的生态圈之间有其各自的特点。生态圈往往以一个有巨大影响力的企业作为主导，联合相关的上下游相关产业，形成一个互补的圈子。生态圈的建立使得短视频发展更加稳定，有更多的资源来发掘优质的内同。想要成功打造一个生态圈，往往要结合已有的资源来进行。下面就来介绍几个常见的短视频生态圈模式，如图 4-6 所示。

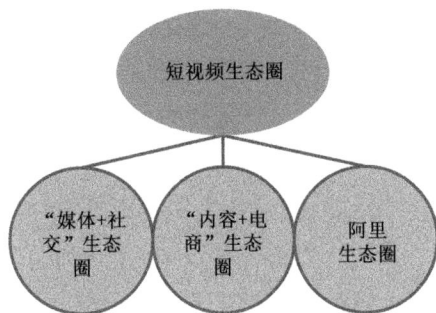

图 4-6　短视频生态圈

1.　"媒体+社交"生态圈

随着媒体类短视频越来越常见，有很多媒体人为了能够更好地进行推广，开始与社交平台进行联合，形成了一个"媒体+社交"的生态圈，使得短视频能够得到更好的运营传播，下面就以秒拍+微博为例，来讲解一下该种生态圈是如何结合已有资源的。

秒拍是一个专注媒体类短视频的平台，在其与微博进行合作之后，微博客户端进行了升级，开始允许秒拍视频在其平台上内嵌播放。在此之前，虽然微博上也能够播放各个平台的短视频，但是不能直接打开，只能跳转后再打开，这样就使得很多用户没有耐心等待，从而使其播放量减少。

秒拍在与微博进行合作后，视频可以直接在该平台上进行播放，这很大程度上使秒拍增加了与其他同类短视频平台之间的竞争力。截止到 2017 年，微博活跃用户总量达到了 3.76 亿，这就是该平台上已有的用户资源，而秒拍在结合该资源以后，逐渐独占了微博上的短视频播放市场，现如今微博上打开短视频，大多数都包含"秒拍"的水印字样。秒拍与微博之间已经构建了一个"媒体+社交"的生态圈，稳定和谐共同发展。

2.　"内容+电商"生态圈

电商为了促进商品的销售额增长，使用的方式从线上到线下，层出不穷。短视频也成了其常用的一种运营推广方式，将短视频本身的内容与电商所销售的商品进行联系，一条与京东之间，形成了一个"内容+电商"的生态圈。

图 4-7 是经过京东的主图短视频的营销，销售额提升最为明显的几类商品。

自从京东在主图以短视频的方法来展现商品之后，根据数据表明，有超过四成的用户会将其看完，并且销售额也有了显著的增长。其中促进作用最为明显的几类商品，与一条的短视频类型相符合，于是京东就对其进行了投资。

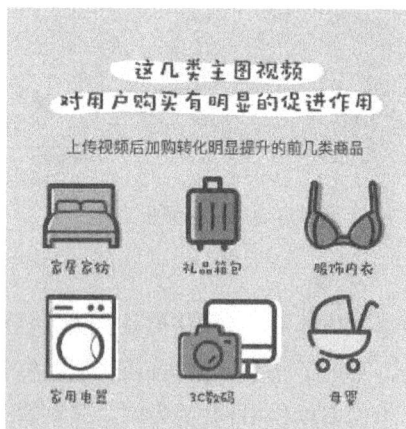

图 4-7 京东主图视频影响

一条专注于打造生活类短视频内容，展现的是生活的优雅与美，其短视频作品包罗万象，场景的构建中常常会用到各种物品，而这些深受用户欢迎的物品在京东之上都能够找到。这种方法，带动了京东商品的销售量，一条与京东就形成了一个"内容+电商"的生态圈，利用一条原有的用户资源，带动了电商的发展。

3. 阿里生态圈

阿里生态圈与其他生态圈不同，其构成更加复杂。图 4-8 所示就是马云所提出的阿里生态圈的构成。从中可以看出，无论是视频、社交、支付平台都是这个生态系统的参与者。阿里生态圈结合了众多平台的已有资源，使其互相产生联系，从而将用户互相转换，使得每个平台都能更好地获利。

阿里生态圈更重要的意义是，在这种已有资源的联合之下，很容易产生新的热点。例如淘宝短视频中常见的模特，在受到用户喜爱后摇身一变就成了微博上的"网红"，正是由于这种生态圈的建立，才能使其身份的转换能够无缝衔接。阿里生态圈不仅可以使得各个企业稳定地发展，还可以挖掘出全新的运营热点，活跃市场。

图 4-8 阿里生态圈

4.1.5 艾克里里：自黑自毁中传递真情

艾克里里是现如今网络上的一个知名网红，他由于一个"小学生化妆大赛"相关的短视频一夜爆红。"小学生化妆大赛"最开始是几个小学生上传了其化妆的短视频，由于效果千奇百怪而引发了众多用户的关注，而艾克里里也是借着这个热点，推出了一个化妆短视频，而其使用的工具却不是化妆品，而是马克笔。最终呈现的效果也让观众看了忍俊不禁，从而收获了一大批的转载。

艾克里里通过这种方法成为"网红"，"自黑""自毁"也就成了他的标签。并且，在他之后推出的短视频作品中，依旧使用马克笔等奇特的用具打造夸张的妆容，更是将"自黑"这个标签发扬光大，使得观众一看到自黑就会想起他。图4-9是艾克里里在2018年初的百度指数，从中可以看出，他在用户中有极大的影响力。

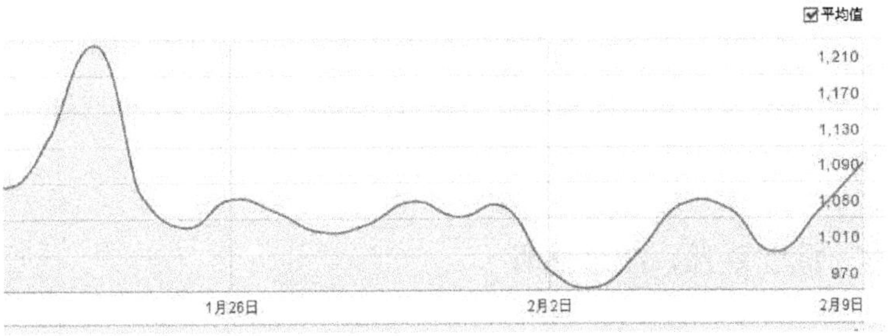

图 4-9 艾克里里百度指数

艾克里里的"自黑"也不是毫无章法可循的。艾克里里在成为"网红"之前，是一个模特兼摄影师，他对于时尚这个行业有着深刻的见解。艾克里里打造的马克笔妆容并不是在脸上随意乱画的，而是每一部分都可以在国际名模的 T 台妆容上找到来源。结合已有的时尚资源，艾克里里通过另一种方法，在短视频中表现了他对于时尚的看法。

美妆是用户之间一个永不过时的热点话题，而这体现出的是人们对于美的一种向往。然而随着美妆短视频在网络中越来越受到用户的欢迎，人们对于美的认识似乎有些矫枉过正了。艾克里里通过打造"丑妆"，向用户展示，丑没有一定的形式，那么美也同样不需要都是相似的。

艾克里里如果仅仅作为一个男模，或许并不符合当下用户的审美。但是他通过短视频的方式，向用户展现了自己的真实不做作，以及积极向上的生活态度，从而使得用户真正接受了他，愿意成为他的"粉丝"。

现如今的"网红"产业逐渐走向了一个"套路"的模式。新生"网红"往往通过短视频来展现自己的美与时尚，从而引起用户的注意，随着这种"套路"的成功率越来越高，最终早晚会走向令用户审美疲劳的结局。而艾克里里的走红，却打破了"套路"，展现出了另一种方式，真实地表达自己，才是能够引起用户共鸣的最好方式。

4.2 如何打造极具个性的短视频

短视频的个性化是吸引用户的最有力武器。但是随着短视频作品越来越多，想要找到切入点、塑造自己的个性也变得越来越困难了。如何才能打造出一个极具个性的短视频作品，成为现如今许多短视频制作者最为关心的问题。本小节就来对此问题进行一个分析。

4.2.1 深度垂直，注重细节

用户在最初观看短视频的时候，往往会喜欢选取一些流传度较广的娱乐性短

视频。但是最终能够留住用户的，还是更具备垂直性、有深度的短视频内容。这种深度并不指的是内容的严肃性，而是指在某个领域上的深入挖掘。

内容流于表面的短视频是任何掌握相应技术的制作者都可以完成的，所以这种短视频就很容易被他人所取代，难以形成稳固的用户群体结构。而如果短视频制作者专注某一领域，不断地对内容进行深入的挖掘，就会形成一种稀缺性。用户想要了解到的内容只有在该制作者这里可以获取，这就使得该制作者难以被取代，从而向专业化不断发展，最终形成 IP，获得更好的发展。

想让短视频内容深度垂直，就要注重细节。细节决定成败，不管什么样主题的短视频，都存在着不易被他人发现的细节，短视频制作者如果可以把握住这一点，就会令用户感受到其用心，从而产生认同感。

游戏类短视频是现如今非常火爆的一种短视频形式，不了解的用户可能觉得游戏都大同小异，但是其中根据游戏的类型不同有许多的分类。不同类别的游戏之间存在着相当大的差异，为了能做出更有深度的内容，制作者往往都会选取某一类的游戏进行制作。

图 4-10 是 12dora 所制作的"我的世界"这款游戏的相关短视频中的形象。他在数年间专注这个游戏，向有兴趣的用户展现了该游戏的种种细节，再加上其有趣的内容，深受广大用户的喜爱。12dora 对于一个游戏的深度挖掘，是他获得成功的重要因素。当 12dora 在用户中有一定的影响力之后，他还组成了一个12team，带动其他制作者共同发展，制造新爆点，从而不断获取更多的用户的关注。

图 4-10　12dora "我的世界"

短视频的内容越具有垂直性，就更容易引起特定用户的关注，而在此垂直性内容的基础上再加以深度的挖掘，注重细节的体现，则可以保证这些用户的黏着性，从而构建更为稳固的用户群体模式，最终形成 IP，获取巨大的经济效益。

4.2.2　创新内容场景，挖掘新意

短视频的制作者无疑都会遇到一个瓶颈期，在这个时期播放量达到饱和，老用户也感到了审美疲劳。在这种情况下，必须创新才能保持短视频的生命力。创新应用场景则是更加准确地把握用户的喜好与需求的一种方法。短视频的用户不是一成不变的，制作者应该根据过去已经制作的视频的不同反响来分析出不同时期用户的不同需求。

短视频的内容场景十分复杂，一个大的场景会由许多小的场景共同构成。大场景起到统领作用，奠定了短视频的主基调，而小场景则是该短视频的闪光点，每一个被细分出来的小场景制作者在制作的时候都可以进行创新设计，越细分的小场景越容易让观众产生共鸣。

短视频在进行内容场景创新的时候，还应该分清主次场景，如图 4-11 所示。主要场景在整个短视频中必须处于支配地位，统筹兼顾，统领次要场景。次要场景必须与主要场景统一，这样才能形成连贯的符合逻辑的完整场景体系，让观众在观看短视频的时候不会产生错位感。制作者在对短视频应用场景进行创新的时候必须全面考虑主次场景，全面地把握短视频的各个部分，只有这样才能做成真正令观众满意的短视频作品。

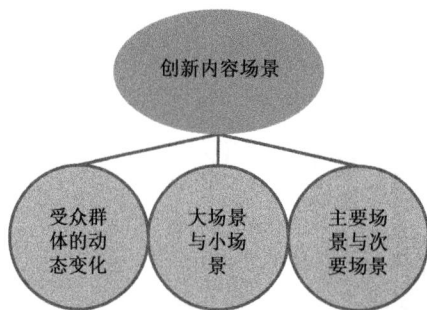

图 4-11　创新内容场景的三个部分

以"大胃王密子君"这一系列短视频为例。密子君是一个知名的美食类短视频制作者，由于其"大胃王"这一特点，每一期短视频当中都会吃下大量的食物，吸引来了许多用户的关注。但是以吃为主题的短视频如果长期仅仅重复相同的流程，迟早会使得用户感到疲劳。为了能够留住用户，密子君采用了内容场景创新的方法。

密子君最初的短视频都是在固定场景录制的，其背景就是大场景，而在这个大场景中其他的构成部分也就是小场景。为了能够不断创新，调动用户的情绪，密子君在后期的短视频当中开始去往各个店铺进行录制，用不同的内容场景构成来保持用户的热情，同时还可以向用户推荐美食，产生经济价值。

"大胃王密子君"系列短视频中的主要场景是密子君吃食物，其他的部分构成都是次要场景。密子君除了每期都会更换不同的服装以外，在拍摄时也会采用不同的构图方法，对主要场景进行调整，使得次要场景与食物搭配得更为自然，从而避免用户产生错位感。

为了能够更好地打动用户，密子君的短视频开始从单纯地吃东西，转化成了有主题地吃东西。比如，他做过高考特辑、母亲节特辑等短视频，借用这一特殊时刻，给短视频赋予了不一样的意义，让内容更有新意。

创新是保证短视频生命力的最有力方法，但是在创新固然重要，按照正确的方法进行更加重要。在应用场景创新的过程中，必须要注意这三个问题，只有将这三点考虑全面了，才能构建好一个完整的短视频应用场景。完整的应用场景是该短视频能够得到观众喜爱的最基本的要求。

4.2.3 融入价值情感，让内容有深意

短视频的内容往往反映出制作者的价值观念，而这个观念是否能够与用户趋于一致，是能否获得用户认同的重要影响因素。短视频的内容如果想要更好地打动用户，使其产生共鸣，可以在其中融入价值情感，使得内容本身富有深意，从而引发用户的思考。怎样才能将价值情感巧妙地融入短视频的内容当中，就是制作者所要解决的问题了。图 4-12 所示，就是一些在制作者塑造短视频价值情感时，需要注意的问题。

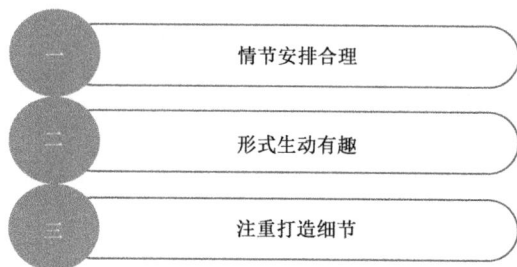

一　情节安排合理

二　形式生动有趣

三　注重打造细节

图 4-12　短视频融入价值情感的注意事项

1. 情节安排合理

短视频作为表达制作者想法的一种作品,其必须要符合一般作品的基本要求,那就是故事情节符合逻辑。有些短视频为了将制作者的价值观融入其中,强行推动剧情走向,故事人物的许多行为都不符合用户的常识性认知,这样就会使其感到虚假,从而无法将情感投射到其中。

想要通过短视频表达出价值观,并且让用户产生共鸣,内容的真实性是非常重要的,只有符合逻辑地表现出贴近用户真实生活的情节,才能够使得用户真正感到触动,从而才会深入思考制作者究竟想要表达什么。

2. 形式生动有趣

有些短视频制作者认为表达价值观的内容就需要非常严肃,于是就在短视频的最后安排一段内容,专门来进行阐述。这就是一个误区,价值观本身虽然是严肃的,但是表现形式可以是多种多样的,通过不同的方法来进行表达,这样才能够更好地被用户所接受。

制作者的价值观可以通过整个故事的走向来进行表现,使用夸张等搞笑手法,生动形象地传达给用户。这样可以使得用户在笑过之后再陷入思考,体会到制作者的真实用意,使得整个过程更加自然,容易被用户所接受。不是搞笑的内容就不会令用户所感动,重要的还是其深层次的含义能够引起用户的共鸣。

3. 注重打造细节

很多短视频与同类相比不具备竞争力,就是因为其内容太过普通,即使融入了价值情感,也会使得用户看过即忘,不会引发其思考。这样的短视频作品很难在用户的心目中留下印象。为了避免这一局面,短视频制作者可以注重打造内容的细节，从细微之处入手，令用户在看过后觉得有新意，避免千篇一律的内容走向令其产生审美疲劳。

细节决定成败，短视频中无论是人物的穿着动作，还是背景的安排，都能够成为体现制作者价值观以及情感的途径。比如，在《妈妈的等待》这个表现母爱的短视频当中，就通过母亲手部细微的动作，来表现出其对于孩子到来的期盼。由于这个细节非常贴近生活，很容易就使得用户联想到自己的母亲，从而产生了共鸣，对于短视频内容深度的表现，也起到了加持作用。

4.3　Lee"好奇不灭"：创造实验场景

"好奇不灭"是知名牛仔品牌 Lee 在 2013 年策划拍摄的一部微电影短视频。Lee 携手香港知名导演叶念琛拍摄了一部有关于都市与爱情的微电影短视频，以"好奇"作为主线索，表现了几个年轻人之间动人的爱情故事。同时还将 Lee 的理念巧妙地融合在其中，一时间在网络上引起了很不错的反响。

4.3.1　Lee 如何创新场景，引爆流行

Lee 的目标用户主要是年轻人，年轻人的一大特点就是喜爱追寻潮流，为了能够满足这些用户的需求，Lee 就需要创造出潮流，引发热点。Lee 是一个有着悠久历史的知名牛仔品牌，已经在用户心目中有了一个固定的形象，为了打破这个形象，Lee 在"好奇不灭"这部微电影中做出了大胆的创新，如图 4-13 所示。

图 4-13　Lee"好奇不灭"

"好奇不灭"的整个故事内容是围绕着几个年轻人展开的。五个看似独立的故事，每个故事所影射的都是当今年轻用户在都市生活中会遇到的现实问题。而其创新的地方就在于，这五个故事其实暗含联系。

Lee通过"好奇不灭"向用户传递了一个信息，这个城市看起来很大，很多人都在其中迷茫地活着，找不到解决问题的方向。这个城市同样也很小，只要保持着好奇，总会找到属于自己的路，看似毫无关联的两个人，或许就会被这份好奇联系到一起。Lee所传达的同样是其品牌的理念，引领着都市的潮流。

都市生活是这个短视频中的大场景，起到统领作用，奠定了该短视频的主基调。而每个小故事则是其小场景，对每一个故事的创新处理，都成了该短视频的闪光点，而每一个演员的表现，在拍摄阶段都可以在遵从脚本的基础上，再进行适度的发挥，从而更好地进行创新设计。

"好奇不灭"中所有演员的服装都是由Lee的工作人员精心搭配，为了能够起到更好的宣传推广效果，Lee在短视频发布的同时，还专门在其官方微博上做了服装解析，帮助用户真正理解潮流，从而带动了消费。

4.3.2 将用户情感和需求融入产品

"好奇不灭"能够在众多优秀的产品类短视频微电影中脱颖而出，是因为Lee充分考虑到了目标用户的需求，并且在该短视频中融入了其对于情感的体悟，使得用户对此产生了共鸣，如图4-14所示，就是"好奇不灭"是如何将用户情感和需求融入产品的。

图4-14　"好奇不灭"将用户情感和需求融入产品

1. 瞄准恰当的用户群体

用户群体的挑选首先要符合Lee这个牛仔品牌的受众，什么样的人最可能在

Lee 进行消费？自然是现在的年轻人了。而年轻人最关心什么？自然是有关于他们生活中会真实发生、真正遇到的问题了。当今的年轻人中有很大一部分为了奋斗来到了北上广等大都市，他们在都市的生活中面临着种种的困境，他们的爱情生活也遇到了种种挫折。在这种时候，讲述他们切身相关的主题的微电影自然可以吸引到他们。

"好奇不灭"以好奇作为引领整个短视频的主题，讲述了几个年轻人在 24 小时中感情微妙的变化，并且在影片的最后以"好奇"作为解决年轻人现实问题的方法，真正既突出了广告宣传的主题，又给观众留下了深刻的印象。

2. 合理利用用户心理

"好奇不灭"对于用户心理的运用也是非常值得学习的。Lee 作为一个老牌的牛仔装品牌，在广告宣传方面可谓是用尽了方法。并且因为其历史悠久，Lee 的长期用户都已经产生了适应现象，即感官在同一种作用的长期刺激下，对该种刺激产生反应的灵敏度会下降，感觉会变弱。

在这种时期，Lee 只有采用新的刺激手段才能保证品牌的新鲜度，而拍摄主题微电影短视频无疑是最好的选择，并且采用了中国本土的明星来进行拍摄，也进一步将 Lee 打向明星的个人"粉丝"的市场，利用明星效应扩大了"粉丝"群体。Lee 通过一个微电影短视频成功活跃了"粉丝"，增添了品牌凝聚力，可谓是非常成功。

3. 合理安排广告内容

Lee 之所以能够通过一个微电影短视频成功营销自己的品牌，与其能合理地安排广告内容是分不开的。传统的视频内植入广告的方法大多是将宣传商品直接放进视频的场景当中，再由演员在台词内插入广告，这种方法生硬又会破坏视频故事的完整度，非常容易引起观众的不满。而"好奇不灭"则采用了截然不同的方法。

在整个"好奇不灭"微电影短视频中，并没有人特意去提到商品的品牌，只是所有的演员都统一穿着 Lee 的牛仔衣，再加上富有技巧的搭配，使得观众在观看的时候自然而然地留下深刻的印象，并且愿意去采取相同的搭配方法来改进自己的穿着风格。这种方法自然又能起到良好的效果，这就是合理安排广告内容所能带来的好处。

4.4 短视频策划注意事项

短视频的策划，可以将前期复杂零碎的准备过程，转化为具体的实施方案，使得短视频团队的每个成员都能清楚地理解自己应该做什么、从什么方面入手。短视频的策划还可以使得其内容最终呈现得更加完整，从众多的同类短视频中脱颖而出，获得用户的认可。

4.4.1 主题定位明确，把握时长

短视频的主题会确立下其主基调。选择合适的主题，进行精准定位，才能够最大程度上吸引到目标用户的关注。一个短视频的主题不是随随便便就可以确定的，这要经过短视频团队的精心策划，才不会产生定位错误的情况。下面就来讲解一下如何才能明确定位出短视频的主题，如图 4-15 所示。

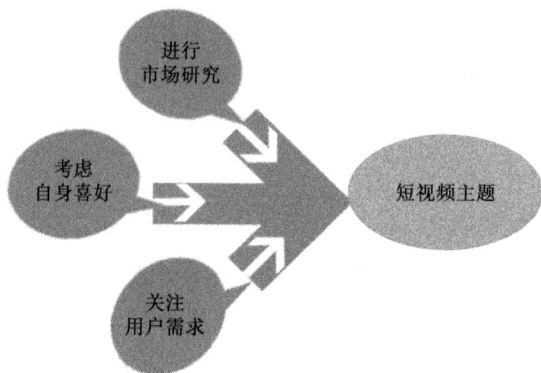

图 4-15　明确定位短视频主题

1. 进行市场研究

在确立短视频的主题之前，首先要进行市场研究。能够在网络中受到用户欢迎的短视频，一定有其独特之处，短视频制作者应该对其进行反复观看，找出其亮点并加以记录，从而了解到当下的市场需求，避免选择冷门主题。

不同的平台有不同的特点，短视频制作者应该对各类平台分别加以调查研究，将所得到的数据制成图表，进行对比分类，根据目标用户来选出其中的最优主题，这样才能保证短视频成品可以吸引到用户的注意。

2. 考虑自身喜好

短视频制作者自身的喜好也是需要重点考量的因素之一。当一个人喜爱一件事的时候，就会针对其有更多的了解，于是在自身的知识储备库中就积累了大量的素材，从而在制作主题相关的短视频的时候就能想出更好的内容。制作者如果贸然选择一个之前从未涉猎的主题，最终的成品很可能会因为了解不足而出现漏洞，这样会使得用户在观看之后怀疑短视频制作者的专业度，从而留下不好的印象。

3. 关注用户需求

短视频的成品最终还是要面向目标用户进行宣传推广的，能否得到其认可，与主题的选择有着极大的关系。短视频主题的选择必须要满足其目标用户的需求。这样才能使其有观看的欲望，从而产生流量。

用户的需求需要短视频制作者进行前期调研。此类调研需要较为庞大的数据来得出确切的结果，每个数据都必须保证真实有效，这样才能避免最终结果产生偏差。制作者在进行数据处理的时候要试用科学的方法，从而在保证正确率的基础上提升效率，减少不必要的时间浪费。

在确立下短视频的主题后，还要注意把握其最终成品的时长。短视频之所以能够受到用户的欢迎，是因为其方便用户在生活中的碎片时间里进行观看，这就要求短视频的长度不能太长，否则就会失去其市场竞争力。但是同时也不能太短，过短的成品很难表达出制作者的全部意图，难以真正令用户理解认可。

2017 年 4 月今日头条副总裁赵添在发布会上指出，4 分钟的短视频是最适合的。能够在金秒奖的评选过程中获得百万播放量的短视频，平均时间在 4 分钟左右。这个数据表现出了用户对于短视频时长的取向，制作者可以进行一个参考。但是，4 分钟的时长也不是固定不变的，还是要根据短视频的主题以及最终想要呈现的效果来进行调整。

4.4.2　短视频方案可落地、可执行

短视频的方案策划除了需要满足用户的需求以外，还必须可执行。一个可执行的策划方案才具备意义，否则只是纸上谈兵，没有任何实际的用途。一个短视频策划案的执行性与所持的资金、人员的安排以及拥有的资源都是分不开的。只有具体考虑完全这些实际的问题，才能做出一个可落地、可执行的方案（见图4-16）。

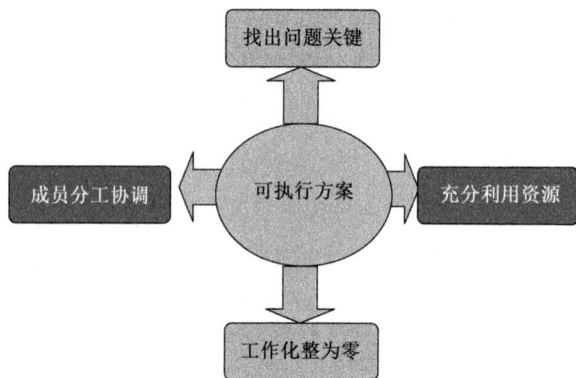

图 4-16　短视频可执行方案所具备的条件

1. 找出问题关键

不同主题的短视频方案在制订的过程中都会遇到各种各样的问题。为了确保最终得出的方案有可执行性，策划者必须找出这些问题的关键点，然后针对该关键点做出一个解决的计划。解决的计划中需要包含策略以及实施的步骤，这样在执行的时候才可以有条不紊地进行，避免产生纰漏。

某些时候，短视频的策划方案或许有不止一个问题，在这种时候，策划者就要按照重要程度来进行排列，优先解决更为关键的问题，不能顾此失彼。关键问题会决定该策划案最终究竟能否进行推行。

2. 充分利用资源

资源对于每一个短视频而言都有着非凡的意义。一个短视频制作者手中握有的资源越多，在其实施计划的时候起点也就越高。高起点可以使得该短视频的成品更容易取得一个好的效果。资源虽然不能决定一个短视频的成败，但是却能给予其很大的帮助。

对于一个短视频策划案而言，资源包含着方方面面。最基本的就是资金资源，启动资金越充足，短视频所使用的道具布景就越精致，最后完成的效果也就越高级。除了资金以外，人脉也是非常重要的一种资源。广阔的人脉可以使得短视频在制作过程中以更低的价格来达成同样的目的，等到最终运营推广的时候，也会得到更多知名人士的推荐，从而快速吸引到用户的关注。

3. 工作化整为零

一个短视频从策划到制作再到最终的运营，每一步都有着复杂的工作流程。如果没有头绪就毫无章法地盲目开展，很容易在过程中走上弯路，从而降低工作的效率。为了避免这一情况，短视频策划者应该在策划方案中将工作化整为零。

短视频取得良好的运营推广效果是最终的目标，在这个目标达成前还有许多工作要进行。短视频策划者应该将整个工作流程分成一个个阶段，并且每一个阶段都制订一个小目标。小目标更容易达成，也会给实施者指引方向，使其以较为轻松的心态来进行每一步的工作。

4. 成员分工协调

对于最终成品要求较高的短视频作品，由一个人单独完成无疑是非常困难的，在这种时候就必须建立一个团队，招募具有不同专业技能的人员共同实施，这样才能保证制作的效率。而在一个团队当中，如何分工协调就显得非常重要了。好的分工协调机制可以使得工作效率更高，反之则会造成各种困难。为了能够具体分工，策划者必须在策划案中加以标明，使其有据可依。

团队成员的分工必须要详细，标明每个人应该在多长的时间内完成什么工作。标明具体工作可以使得成员对于自己的职责更加明确，防止产生互相推诿的情况。而规定时间则可以帮助成员提高效率，避免拖延影响最终短视频成品的发布时间。

在团队合作当中，沟通是非常重要的，无论是在同级成员之间，还是在负责人与成员之间，良好的沟通都能产生事半功倍的效果。负责人在安排工作任务的时候，必须要向成员讲清楚其具体要做的工作是什么，这样才能使其在操作过程中不产生混乱。而同级成员之间，在遇到问题的时候也要加强沟通，避免出现一个人的错误影响到整个短视频制作的情况。

想要完成一个可执行力高的短视频方案，经验是非常重要的。将实际的操作经验作为参考，才能避免纸上谈兵的情况出现。作为短视频新手，如果之前没有相关的经验，可以寻找行业内的前辈进行请教，吸取其在过往经验中的教训，从而完成一个可落地、可执行的短视频方案。

4.4.3　用户可快速进入内容高潮部分

用户的时间往往是有限的，短视频的长度虽短，但是如果迟迟不能进入内容的高潮，同样会使得用户难以产生看下去的欲望。再好的内容如果不能被看到，也同样是毫无意义。为了避免这种情况，制作者应该通过一些技巧，使得短视频在开篇处就能快速进入高潮，吸引用户的目光。

对于非剧情类的短视频，短视频制作者应该在开头就介绍出本期视频的目的，以起到快速引起用户兴趣的目的。为了保证用户能够持续看下去，其还可以在开头设置一个悬念，并且在之后通过语言等行为不断加深此悬念，致使用户产生好奇心，从而始终保持观看的欲望。

而剧情类的短视频，则需要在故事的开篇就制造一个小高潮，牢牢抓住用户的眼球。故事类的短视频与电影类似，虽然没有电影的技术含量要求高，但是在叙事结构上是类似的，图 4-17 所示就是电影中常见的"三幕剧"结构。

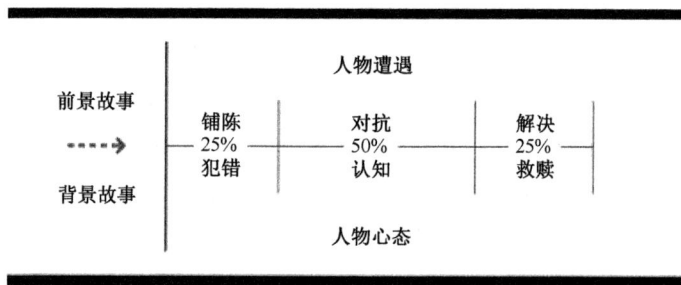

图 4-17　"三幕剧"结构

为了使得用户能够快速进入内容的高潮，短视频制作者在剧情结构的安排上，要注意一定的章法。短视频的时长较短，在剧情的安排上也应该注意到这点，快速地切入关键点可以使得剧情更加紧凑，避免叙事结构混乱。短视频的内容分为两大主体，一个是人物，一个是故事，人物决定故事，而故事也会影响到人物。

在人物的塑造方面，在开篇就要快速介绍主要人物的具体情况，指出其在此刻所面临的困境，这就是在开篇制造了一个该如何解决这个困境的小高潮，使得用户在一开始就可以快速进入内容高潮，心中怀着对于这个悬念的疑问坚持看下去。这也就是"三幕剧"结构中人物在最开始"犯错"的这一阶段。对于人物的具体设定，短视频制作者在策划阶段就必须完成，这样在故事的写作上，才不会和人物的性格背景相脱离，避免使用户在观看的时候产生违和感。

在故事的塑造上，虽然为了能够叙事清楚，需要经过一定的铺陈，但是太过具体的铺陈会使得这部分变得冗长，令用户丧失观看兴趣。为了能够更加快速地进入高潮，对于故事的背景介绍，可以采取在后续发展中进行倒叙或者闪回的方法。在开篇处直接进入时间发展的最关键点，使得用户欲罢不能，并且故事发展的节奏在开篇处也要尽量加快，从而调动起用户的情绪。

人物与故事是相互呼应的关系，想要能够使得用户快速进入内容高潮，这两个部分的设计缺一不可。短视频制作者在策划阶段就应该将内容发展的时间轴列出来，这样可以使得整个内容更加连贯完整，有更高的艺术价值。从手法上也可以学习一些经典电影的惯用手法，这样可以使最终完成的短视频作品更加专业。

4.4.4　明确短视频内容规范和禁忌

正规的短视频投放平台对于短视频的内容都有明确的规范限制，短视频制作者一定要遵守相关的规范，营造健康向上的短视频，内容不得违反我国相关的法律法规，不得宣扬淫秽色情、暴力歧视等错误的价值观。或许内容不规范的视频可以在短时间带来短暂的人气，但是那只是观众群体的猎奇心理所导致的暂时现象，长此以往是根本行不通的，而且如果因为这些视频而导致已经有了一定人气的投放短视频账号被封，更是得不偿失。

梨视频是一个专注资讯短视频的平台，如图 4-18 所示是其上的短视频上传规范。从该规范中可以看出，短视频中包含危害国家以及他人等内容是不能够存在的。这是为了建立起一个健康的短视频环境，避免未成年人用户在观看的时候被树立不正确的价值观、人生观，是对网络秩序的一种维护。

4.2您理解并保证您在梨视频平台上传、发布或传输的内容（包括您的账户名称等信息）不含有以下内容：

（一）反对宪法确定的基本原则的；

（二）危害国家统一、主权和领土完整的；

（三）泄露国家秘密、危害国家安全或者损害国家荣誉和利益的；

（四）煽动民族仇恨、民族歧视，破坏民族团结，或者侵害民族风俗、习惯的；

（五）宣扬邪教、迷信的；

（六）扰乱社会秩序，破坏社会稳定的；

（七）诱导未成年人违法犯罪和渲染暴力、色情、赌博、恐怖活动的；

（八）侮辱或者诽谤他人，侵害公民个人隐私等他人合法权益的；

（九）危害社会公德，损害民族优秀文化传统的；

（十）有关法律、行政法规和国家规定禁止的其他内容。

图4-18　梨视频短视频上传规范

短视频想要在各大平台网站上得到有效的推广，就必须树立健康向上的价值观念，真正弘扬正确价值观的短视频作品才能在网站平台上得到更好的推广位置。对于观众群体也是同样的道理，积极阳光的短视频才能得到观众真正的认可，一味地为了能获得短暂的人气而搏出位的行为只会削减短视频运营账号的生命力。

短视频内容在注重遵守规范的基础上，还有一些禁忌是必须要避免的。这些禁忌如果出现，会在用户观看后给其留下极差的感官，从而影响该短视频的运营推广效果，难以积累起固定用户。所以这些禁忌在短视频的内容当中，必须要避免出现。

短视频当中，过度插入广告就是其最大的一个禁忌。对于短视频营销，广告的效益虽然必不可少，但是采用在评论中生硬地发布广告这一方式无疑是最低端的。如果短视频制作者能够将广告无形地纳入整个视频的故事当中，采用一点都不突兀的方式来让观众自然而然地接受广告理念，才能起到真正良好的效果。

短视频的运营当然是获取利益的一种方式，而添加广告则是最常见的一种快速获利的方法，所以有很多短视频制作者都采用了这一方式。这一方式当然没有什么错误，但是在使用的时候必须要注意一个度。如果一味地只顾着投放视频赚取眼前的利益，那么很快就会导致观众的厌烦，从而流失大量的"粉丝"。

明确短视频的内容规范与禁忌，可以减少短视频在运营过程中走的弯路，在以高效的方式进行宣传与推广的同时，还可以为用户带来良好的观看体验。遵守我国的法律法规以及公序良俗原则，从根本上打造积极健康、富有可看性的短视频内容，走健康发展道路，真正获得用户的认可。

4.4.5　把握短视频选题节奏

短视频的选题不是一次性过程。任何一个短视频团队想要能够长期发展，每次选题都是非常重要的。社会是在不断发展的，用户的需求也随之不断改变。作为短视频团队，在选题上就必须要适应这种改变，紧跟潮流，根据用户的反馈不断地进行调整。同时还需要把握选题的节奏，使得用户能够更好地接受。下面就来介绍几个把握短视频选题节奏的技巧（见图 4-19）。

图 4-19　短视频选题节奏技巧

1. 选题由易到难

短视频在制作成系列的时候，其选题往往是相关联的。尤其是垂直性短视频，是专注在某一领域内的，为了能够使用户更好地接受内容，短视频制作者应该注意选题由易到难。看这类短视频的大部分用户，在此之前对于相关的专业类技能是没有涉猎的，所以如果一开始就选择较难的主题，会使其难以理解，从而使用户丧失观看欲望，造成用户的流失。

短视频选题由易到难，还可以带动前期短视频的播放量。不是所有用户都是从第一期短视频就开始观看的，其大部分还是随着短视频的不断更新而逐渐被吸引而来的。在这样的情况下，如果某期短视频难以理解，自然而然地就会翻找账号下之前的短视频，于是就再次带动了该短视频的播放量，从而长期稳定发展。

2. 调动用户参与

用户的参与性会很大程度上影响一个短视频的流量。当用户的参与度越高的时候，短视频被转发分享的可能性就越大。短视频的制作者可以根据选题节奏的调整，来提高用户的参与度。

比如，短视频制作者可以在一期视频中，针对某个现象向用户征集看法。这些用户自然而然地就会参与讨论。而对于用户的讨论，不要在下一期短视频当中就以此为主题进行制作，反而要在其中隔几期其他的主题。这样可以延长讨论的周期，使得没有及时看到的用户也有动力参与进来。而且这种方法还可以引起用户的好奇心，期待自己的观点能够在某期短视频的选题上反映出来，从而进行长期的关注。

除此之外，短视频选题的可操作性也会影响到用户的参与度。尤其是一些对于专业性技能要求较高的短视频，用户很难在日常生活中进行实际的操作，于是参与感也就降低了。为了解决这一问题，短视频制作者可以将专业知识需求较高的选题与用户日常就可以进行的选题交叉操作，使得用户在这个节奏中既能为内容中表现出的专业所惊叹，又可以参与其中，激发兴趣。

3. 热点穿插使用

热点的使用可以使得短视频内容被更多的用户看到，但是如果一味地仅使用热点话题，会使得用户感到节奏过快，从而产生疲惫感。更有甚者，还可能在用户心中留下没有真材实料、只是一味蹭热点的不良感官。

为了避免这种情况，短视频的选题方面应该将热点穿插使用。即使是在一期短视频当中，也不能够全部内容都与热点紧密相关，要在讨论热点的同时还安排较为有趣的内容来使得用户放松心情，以做到张弛有度。

4.4.6　同短视频平台生态相融合

随着短视频市场的日趋完善，有越来越多的平台开始专注短视频业务。为了能够加强市场竞争力，更有针对性地吸引用户，往往平台都会专注于某一个方向。短视频制作者在前往平台发布短视频之前，要先对其发展方向展开调研，确保其常用用户与自身的目标用户趋于一致，这样才能更有效地在该平台上进行发展。下面就选取两个有代表性的短视频平台来针对其生态进行介绍。

1. 抖音

抖音是一个新兴的短视频平台，其针对的用户对象主要是追求潮流的年轻人。该类用户追求潮流，喜爱新鲜事物。短视频制作者如果想要选择这一平台的话，应该注重其作品内容的年轻化。

抖音所专注的是音乐短视频，配合短暂的背景音乐，以搞笑的方式来进行自我展示。在抖音上的短视频，更加注重对于个人的塑造，如果是内容类的短视频，在其上可能难以达到很好的效果。

2. 梨视频

梨视频上的短视频，主要是资讯类的。这一类短视频除了要结合当下的热点问题以外，还需要对内容进行深入的挖掘，深刻的内容更能受到用户的欢迎。梨视频正在努力打造一个专业的短视频分发平台，其上短视频的种类非常多，比较适合多方面共同发展的短视频团队来进行选择。

自媒体类短视频，就很适合在梨视频上发布。自媒体类短视频的目标用户与梨视频的常用用户有着较大的重合度，如果其在该平台上进行短视频作品的发布，很容易就可以吸引来一大批有兴趣的用户，从而快速提升播放量，进而更广泛地被推广。

短视频与平台生态相融合除了用户这一部分以外，根据平台的变化来对短视频内容进行调整也是非常重要的一部分。平台为了能够活跃用户，经常会举办一些主题活动。作为短视频的制作者，应该积极完成符合活动要求的作品，参与其中，借助活动的热度来对短视频进行宣传，从而能够吸引到更多用户的目光。除了平台主办以外，有很多活动是从用户处开始流行起来的，为了能够适应潮流，短视频制作者必须要长期对于平台上的变化进行关注。

第 5 章

短视频制作：高效 VS 体验

在这个信息爆炸的时代，想要通过短视频进行营销，必须要保证高频率的更新，这就表示短视频制作团队在制作的时候必须要有高效率。但是仅仅一味地保持高效也不能达到目的，同时还必须保证目标用户群体能从中得到良好的观看体验。

5.1 短视频制作前期准备：成本+资源

如果想要通过短视频的方法来进行网络营销的话，就如其他的任何一种营销方式相同，必然会产生一定的前期投入费用。前期的成本根据营销的内容各有不同，短视频在开始进行制作之前必须要先计划好相应的成本和资源，这样才能避免在实施过程中造成资金链断开，导致营销崩盘。

5.1.1 器材的选择和购买：选择适合的

工欲善其事必先利其器，在短视频制作之前必须要选择合适的器材。器材的选择首要的标准就是要与你所制作的短视频相适合，匹配的器材可以让你在制作过程中更加得心应手。现在最常见的短视频多以情景短剧的形式出现，这种短视频最需要仔细挑选的器材就是拍摄器材，以下是几种常见的拍摄设备，如图 5-1 所示。

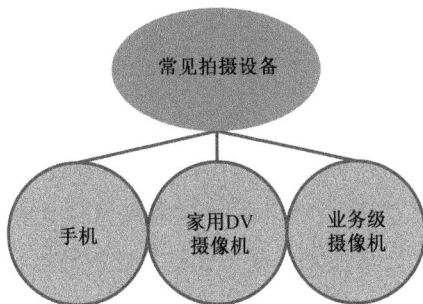

图 5-1　常见拍摄设备

1. 手机

随着智能机的普及，手机可以说是最常见的拍摄设备了。尤其是现在短视频投放平台功能日趋完善，有很多平台的 APP 可以直接拍摄短视频进行投放，大大降低了门槛，令毫无拍摄经验的新手也可以快速拍摄投放。但是手机虽然便捷，却存在着许多的问题。首先，手机摄像头的清晰度不足，简单的人像拍摄还可以进行，但是如果拍摄复杂的场景则很难操控。其次手机拍摄出的画面多有抖动，对于观众而言观看体验不佳。最后手机拍摄的短视频后期处理较为麻烦，不利于制作者调整。

2. 家用 DV 摄像机

家用 DV 摄像机在手机普及之前是最常见的视频拍摄设备。在拍摄短视频的时候，家用 DV 摄像机还是有着许多优势的。首先，家用 DV 摄像机的变焦能力更强大，适合大范围变焦，还可以实现光学变焦；其次，家用 DV 自动化程度较高，对于拍摄新手而言操控方便，较为亲切；最后，家用 DV 的续航能力也较好，适合长时间拍摄。

3. 业务级摄像机

业务级摄像机是较为专业的一种摄像设备。一般比较专业的新闻、综艺类拍摄都是由这种摄像机完成的。业务级摄像机的像素较高，对于画面要求较高的短视频非常合适。而且业务级摄像机的储存量大，非常适合大量素材的采集。如果需要组建一个较为专业的短视频拍摄团队，还是比较推荐业务级摄像机。

但是业务级摄像机也存在着一定的不足之处。体积较大、不便于携带是其最明显的缺点；并且业务级摄像机的价格也比较昂贵，对于一些刚刚起步没有资金支持的小短视频拍摄团队而言，成本过高难以支持。在拍摄过程中，业务级摄影机在画面的处理上也较为死板，还需要后期来进行调整。

除了这种情景短剧类的短视频以外，动画短视频也是现在短视频平台上非常流行的一种表现形式。这种短视频对制作者的画工要求较高，而且对于绘画设备也有一定的要求，现在动画短视频制作的最常见方式就是"板绘"，在进行板绘的时候对手绘板也有一定的要求。越专业的手绘板价格自然也就越高昂，短视频制作者在挑选手绘板的时候要根据短视频的需求和经济实力综合考量，慎重挑选。

在短视频素材采集完成后，其后期制作的设备也非常重要。后期制作一般而言都是使用电脑，但是不同要求的短视频后期对于电脑性能的要求也不尽相同，越复杂的短视频制作需要电脑的功能也就越强大，尤其是动画类短视频，在使用动画制作软件时对电脑的性能要求是非常高的，如果电脑不够专业可能会带来一定的后期麻烦。

制作短视频的相关器材对于一个团队而言确实是非常大的一笔前期投入，制作团队应该根据自己的需求挑选器材，而不能一味地买最好的，浪费前期资金。但是在资金不足的时候也不能为了节省就随意购买一些性能不足的设备，观众的眼睛都是雪亮的，粗制滥造的短视频在他们那里一定得不到认可。如果资金实在不够充分，还可以选择租赁这一方式来短期缓解压力。

5.1.2　摄影棚搭建：依主题而定

摄影棚的搭建是短视频前期拍摄准备中成本支出最高的一部分。摄影棚对于每个专业的短视频拍摄团队都是必不可少的，想要搭建一个摄影棚首先需要一个30平方米左右的工作室，过小的场地可能会导致摄影师拍摄距离不够。工作室大多采用租赁的方式即可，但是一定要选择较为稳定的场地租赁，防止发生拍摄进行到一半却被要求搬走的尴尬局面。

在摄影棚搭建完毕之后，就要进行内部的装修设计。装修设计必须依短视频的主题来进行，最大限度地利用有限的场地，道具的安排必须要紧凑，避免不必要的空间浪费。短视频的场景必然不会是一成不变的，这就要求场景的设计必须要灵活，这样才能保证短视频拍摄过程中可以自由地改变场景。

摄影棚内部的一些设备也是一笔不小的支出。各色背景布或者背景墙是必需的，在选择上应该尽量挑选可重复利用的。与背景布相配套的还需要电动卷轴。闪光灯是一个短视频的拍摄过程中必不可少的，虽然价格较高，但是还是应该选择综合而言好一点的。蜂窝、柔光箱、滤片、雷达罩、反光伞、柔光伞和反光板等这类比较小的东西虽然价格较低，但是同样也是必不可少的。

摄影棚的搭建是短视频前期准备中最重要的部分。这一部分不仅要耗费较多的资金，同时还需要短视频制作团队的大量心血，按照短视频的主题精心对摄影棚进行设计。短视频的脚本是在这一阶段的根本指导性文件，一切的场地安排都要遵从脚本的设计，避免与主题不符的情况产生。

5.1.3　现场和演员决定了视频的基调

除去大商家大制作的情况以外，短视频拍摄所选择的演员大多都是非专业的。在这种情况下，一定要根据短视频的主题进行慎重的选择。演员和角色的定位必须要一致，不能一味地追求使用俊男美女的组合来企图达到吸引观众的目的。对于一个优质的短视频作品而言，演员适合要比颜值更加重要。

如何才能选取到一个适合的演员呢？首先要进行的是对短视频脚本中的人物形象加以理解。比如，人物的设定需要会弹吉他，在挑选演员的时候最好也选择一个会此项技能的。如果要求一个人物在剧情中搞笑，演员千万不能选择有包袱放不开的。演员的选择是否合适对于短视频最后的成品效果将起到至关重要的影响。如果资金不够雇用太多的演员，可以令工作人员客串或者一人分饰多角。某个演员的频繁出现也可以加强观众的记忆，达到快速吸粉的效果。

在短视频拍摄过程中，现场的氛围也是很重要的。氛围是以某种主题作为基准，通过拍摄时的现场布置，营造出一个所有人统一感受到的气氛。现场氛围与拍摄主题统一，可以帮助没有太多拍摄经验的新人演员快速入戏，达到良好的拍摄效果，从而也可以提高拍摄的效率，节省成本。

现场的布置和演员的挑选是短视频作品完成后最能带给观众直接印象的部分，所以在这一点上必须要慎重，绝对不能单纯地为了节省成本就随意选择，必须要根据短视频剧本精心安排。如果这一部分的印象分不能从观众那里得到，连最基本的作品质量都不能让用户满意的话，接下来的营销推广阶段就会变得更加艰难。

5.2 组建制作团队

短视频制作团队的建立，要依照整个短视频的总体策划来进行。不同的短视频制作团队对于成员有不同的要求，不能一概而论。在选择制作团队成员的时候不仅要考察该成员的工作能力，还要注意成员与制作团队的理念是否符合，同时也要对资金的消耗加以考量。

5.2.1 团队成员配置应符合视频内容

短视频制作团队的成员要根据短视频方向来进行安排。不同的工作内容有不同的要求，相应的对于负责该部分的成员也有不同的技能要求。要有相应的水平才能保证工作任务的顺利完成。团队成员的配置必须经过严格的考察和科学的论证，尽量寻找经历过培训的有经验人士，减少前期培养所耗费的时间。

图 5-2 所示就是常见短视频团队的具体工作分配情况。每个类别不一定必须要有专人负责，如果团队成员掌握多项技能可以做到身兼数职则可以大大减少人员相关支出。一般而言，小的短视频团队 3～4 人即可，甚至有些短视频团队在最初只有一个人来维持日常活动也是非常常见的。虽然一个完整的短视频营销过程，以上的每一步都不能够缺少，但是其中的一些分工还是更为重要一些。

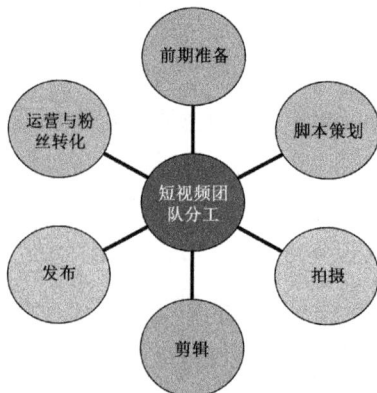

图 5-2 短视频团队分工

1. 脚本策划

脚本指的是拍摄短视频作品时所依据的底本。团队中负责脚本策划的成员不仅需要较高的文学素养，同时还要具备对观众需求的充分了解。脚本是整个短视频作品中最重要的灵魂，为整个短视频的内容以及观点奠定了基础。一个好的脚本可以令短视频有更加丰富的内涵，引起观众的共鸣。

一个好的脚本策划不仅仅要求成员写出一个好的故事，在这个过程中，还需要该成员对需要的道具、布景以及演员标准化，从而令其他工作人员对于短视频作品的内核产生一定的了解。这样在下一步执行阶段就可以省去很多不必要的麻烦，最大限度上保证完成品的整体性，并可大大提高短视频拍摄的效率。

2. 拍摄

在脚本定下之后，短视频就进入了拍摄阶段。拍摄短视频的摄影师最好选择专业人士。短视频的拍摄除去对于画面构成、光影色彩的把控、影像的清晰程度有一定的要求以外，还会体现出摄影师本身的审美高度。一个好的摄影师可以提升整个短视频成品的效果，即使是简单的画面也能拍出不同的感觉。

短视频作品的特性，要求摄影师对于拍摄脚本必须要有足够的了解。短视频时长极短，这就要求摄影师必须在最短的时间内通过镜头突出该短视频的主题，只有这样才能将其想要表现的内容准确传达到观众那里。想要主体突出，可以采用虚实对比等方法，这对摄影师的摄影技巧有较高的要求。

3. 剪辑

在前期素材都已经准备好以后，短视频的制作就进入剪辑阶段。对于剪辑师而言，不仅仅要掌握一定的剪辑技能，对于前期的准备工作也必须有一定的了解。剪辑中对于景别的了解是必备的，这就要求剪辑师要掌握一定的摄影技能，在近景与全景的选用上必须要符合短视频剧情的要求。剪辑师在进行剪辑的过程中应该加强与摄影师的沟通，充分了解其镜头语言想要表达些什么。

剪辑从根本上而言其实是一个二次创作的过程，这就意味着剪辑师不仅仅需要理解摄影师想要表达些什么，同时还需要充分了解到观众想要看到些什么。一个好的剪辑师在短视频作品的剪辑过程中必须要抓住观众的"痛点"，运用剪辑技巧在最短的时间内抓住观众的眼球。短视频成品最好在开始的部分快速切入正题，引出矛盾，这些节奏的掌控都是由剪辑师来决定的。

4. 运营

在短视频成品完成后,接下来的工作就是如何成功运营好。短视频的运营人员,必须要具备良好的沟通能力和写作能力,良好的沟通能力可以保证与短视频用户的交流顺利,而良好的写作能力则是在各大短视频投放平台上推广自己团队作品的最有力武器。现在各种类型的短视频层出不穷,想要在其中谋得一席之地必须要有吸引观众的文案。

好的文案不仅仅要求运营人员的写作能力良好,同时还要求其对自身作品与目标群体的需求有足够的了解。对于短视频作品的理解是进行正确推广的最基本要求,只有做到这一点才能保证吸引来的观众大多符合短视频定位。目标群体想要看什么在不同的平台上有一定的区别,运营人员需要抓住不同平台用户的不同特点量身打造文案,只有这样才能最大限度地吸引到"粉丝"。

5.2.2　构建合理的团队人员比例

在确定了短视频团队的人员构成之后,下一步就是建立团队了。在建立团队的过程中一定要注意团队人员的配比,合理的配比可以令后期的工作开展得更加顺利,在后期团队不断扩大的时候也能做到有章可循,保障短视频团队的稳定性。

在一个短视频团队中首先需要有一个管理人员。现在有些企业倡导推行人人都是管理者这一理念,这种观念虽然在短时间内可以激发团队人员的工作热情,但是当各个成员遇到意见相左的情况时就会导致团队的分崩离析。所以说尤其是刚起步的短视频制作团队,必须只能有一个管理人员作为整体领导,协调安排各个成员的工作,只有这样才能保证工作各个部分的顺利运行。

其余人员的配比要根据团队的工作强度来进行安排。如果是一个标准的起步阶段的短视频团队,每周大概需要推出 2~3 个短视频作品,在这种情况下团队成员只需要 4~5 人即可,脚本、拍摄、剪辑、运营各有 1 人负责,如果短视频的后期剪辑效果要求较高,还可以增加一个剪辑人员分担工作,提高完成短视频成品的效率,确保按时更新。

除了以上(见图 5-3)提到的固定短视频团队人员以外,在不同的短视频作品制作过程中有时还会需要司机、化妆、场记等流动性较大的人员,这些工作如果团队中的人员有相应的技能可以采取兼职的方式，否则就需要招募一些短期员工确保工作的顺利开展。在这个过程中需要注意和优秀人才建立良好的关系，以达到在未来其他作品中还可以合作的目的。

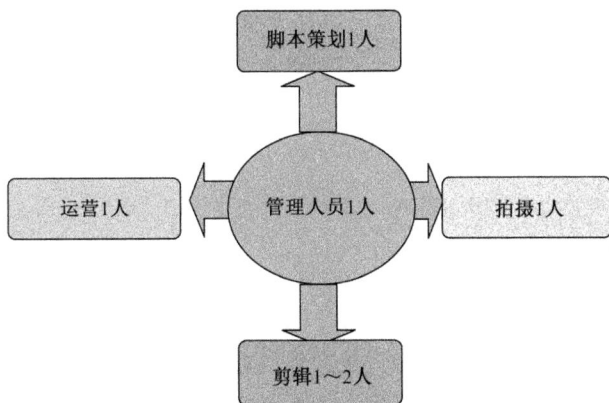

图 5-3　短视频团队人员配比

5.2.3　明确人员职责和分工

明确人员的职责和分工，对于一个刚刚建立的短视频团队而言是至关重要的。人员职责的清晰可以令成员快速理解自己应该做些什么，尽快投入到工作当中。如果一个团队中人员的职责和分工不明确的话，就算有再好的短视频创意，管理人员再有领导力，都可能会产生计划被打乱、工作效率降低、安排的工作无人执行的不利影响。

短视频制作团队是一个整体，这个整体中的每一环都对最后的短视频成品效果有所影响。在这样的情况下，团队中的每个成员都应该清楚地知道自己这一步应该去做什么，应该怎么做，如何才能做得更好，在这个过程中应该避免什么，在这一步完成后下一步应该进行什么。只有这样才能充分发挥每一个团队成员的最大力量，高质量地完成短视频制作当中的每一步工作。

科学的团队成员分工有利于规范每一个成员的行为，从而保证工作质量以及提高工作效率，人尽其才。同时明确分工还有利于防止出现工作推诿的情况，一旦短视频制作过程中出现什么问题，可以有专人对此负责，避免互相推卸责任的

情况产生。明确团队每个成员的责任有利于形成团队的凝聚力，保证工作的稳定
进行。

组建制作团队是短视频营销前期工作中非常重要的一个环节。一个良好的短
视频制作团队可以最大限度地保证短视频成品的质量，高效率地完成每一个短视
频，从而快速积累起一定量的"粉丝"，高水平地完成前期的全部工作。

5.3　视频制作注意事项

短视频的制作过程中有许多注意事项，这其中的每一点对于短视频的最后
成品都有着很大的影响。提高对这些事项的关注度，形成一个短视频制作的良
好习惯，可以大大提高短视频制作的效率，高水平地完成深受观众喜爱的短视
频作品。

5.3.1　合理利用和整合现有资源

在短视频行业领域中，素材的积累和整合是非常重要的，尤其是在进行后期
制作的时候，合理利用已有的资源可以大大提高工作的效率。短视频的后期需要
添加大量的音乐素材、模板素材以及滤镜素材等，这些素材有些是免费的，有些
则是收费的，所以在整合这些素材的过程中一定要注意版权问题。

除了短视频素材的合理利用与整合以外，人脉资源也同样重要。人脉即人际
关系，指的是人与人之间的交际脉络，在当今社会上，人脉是非常重要的一种资
源，在拥有了强大人脉的情况下，无论是在前期制作短视频还是后期运营的过程
中，都可以提供强大的助力，甚至对于短视频团队整体的未来发展也会有很大的
好处。

想要整合人脉资源，首先要先拥有一定的人脉，人脉的建立是一个漫长的过
程，绝不能等到需要用到某个人的时候才试图与对方联系感情，必须要经历长期
的感情维护才能建立稳固的人脉关系。想要丰富人脉，首先要做到的就是多认识
朋友，甚至是朋友的朋友，也就是所谓的二度人脉，在认识了这些人后还要加强

对对方的了解，这样才能确定在什么样的方面会需要这个人脉。

在有了一定的人脉资源之后，就要开始整合了。在整合的最初，要将所有认识的人，不管当时你认为是相关人员还是无关人员，全部列出来，然后根据层级进行分类。人脉可以分为核心层人脉资源、紧密层人脉资源与松散备用层人脉资源，越靠近核心层的人脉也就越重要，也就越需要耗费大量的时间来进行维系。

5.3.2　镜头的流动和转换应顺畅自然

短视频最终效果的呈现与镜头的运用是分不开的，想要完成一部高质量的短视频作品，镜头的流动与转换必须要自然。镜头的运用是剪辑师在剪辑过程中的最基本技巧，想要达到转换自然的效果就要求剪辑师在剪辑过程中要遵循一定的逻辑与原则。

一个短视频中镜头的运用要符合一定的逻辑，符合事物发展的客观规律。每个人根据生活经验都会建立出自己的逻辑，这就意味着他在观看短视频时会根据自己的已有逻辑来对其进行判断，除了是结尾处想要给观众意外感的悬疑类短视频以外，一般的短视频如果让观众觉得逻辑不通，就会导致其评价较低，甚至会被认为是烂片，所以镜头转化符合逻辑对于一个短视频而言是非常重要的。

短视频的镜头在拍摄时需要遵从匹配原则。匹配原则指的是镜头中的人与物应上下统一，以保持观众在观看时的一致感。物品的拍摄应该保持空间的一致，这样在观看的时候才不会有出戏的感觉。在拍摄过程中，镜头与演员的视线也应该匹配，这样才能给观众带来身临其境的体验。

镜头的流动和转换自然是需要在摄影师与剪辑师的共同努力下才能够完成的，缺一不可。虽然在镜头运动的过程中也可以采用一些手法来起到强化剧情的作用，但是总体上依旧必须符合相应的原则与逻辑，镜头的运用是否得当将最终影响成品的效果，所以说在为镜头赋予故事核心深意的同时也要注重观众的体验。

5.3.3 把握分镜头细节，尽量少用转场特效

在短视频剧本完成之后，还不能够立即投入拍摄，这个时候还需要制作出分镜头剧本来帮助拍的顺利进行。分镜头剧本是一种将平面的文字转化为立体视听效果的媒介。分镜头剧本可以用来把握短视频的创作风格与整体节奏。在制作分镜头剧本的时候，有许多需要把握的细节。

首先分镜头剧本的创作必须充分体现短视频故事所要表达的内容的真实意图，只有这样才能避免短视频成品出来后与原剧本意图相左的情况；其次分镜头剧本必须要简单易懂，它是一个在拍摄与后期过程中起指导性作用的总纲领，如果太过繁杂或者艰涩难懂，会给后期的工作带来相应的麻烦；最后分镜头剧本还必须表示清楚对话和音效，这样才能令后期制作完美地表达出原剧本的真实意图。

短视频剧情的衔接虽然可以使用一些转场特效来使其更加流畅，但是也绝对不能滥用。转场特效应该用在前后镜头画面色彩相差过大或者故事发生重大改变的时候，以起到一种承接的过程，但是即使是这种情况下，转场特效也应该尽量与短视频内容本身贴合，做到浑然一体。如果滥用转场特效，虽然看起来起到了转移注意的作用，但是这样做容易打断视觉思维，扰乱故事节奏，可谓是得不偿失。

5.3.4 视频剪辑突出核心和重点

短视频的剪辑可以说是为短视频赋予第二次生命的一个过程。在这个过程中，剪辑师会将个人对于整个短视频故事的理解投入其中，这就意味着，最后的成品会突出什么都是由不同的剪辑手法来决定的。所以一名剪辑师必须要对整个故事想要表现的核心思想有一定的了解，这样做出的成品才能够突出重点。

一个短视频作品的核心可以分为脚本想要表达什么与想让观众看到什么。脚本的核心是整个短视频中最本质的内容，所有的镜头最终都是为了这个核心来服务的，该核心在脚本确定下来的时候就已经形成了，而它是否能让观众感受到就

要由"想让观众看到什么"这个部分来决定了。

让观众看到什么是短视频作品核心的外部表现，在这个部分剪辑工作会起到相当大的作用。剪辑过程就是重塑整个故事的过程，每一个镜头的转换与事物的凸显都会给观众留下相当大的印象，从而帮助观众理解剧情。适当的剪辑手法的运用可以将短视频所想要讲述的故事表达得更加清晰。一部好的短视频作品在剪辑过程中必须要突出核心与重点，只有这样才能令观众真正地理解作品。

5.3.5　音乐和背景声音要贴合画面

短视频背景音乐和普通的音乐截然不同，短视频背景音乐是依托于故事想要表达的内核而生的。短视频的音乐和背景声音如果使用得当，可以起到为短视频增添色彩的作用。对于一个短视频而言，不同的气氛下需要不同的音乐，这种音乐的选择需要剪辑师与脚本提供者沟通过后再确定。

背景音乐离不开短视频本身，想要评价一个背景音乐是否出色，要看其与短视频的结合度有多高。好的背景音乐可以烘托气氛突出重点，让观众更好地理解短视频制作团队想要表达的意图。在短视频剧情逐渐走向高潮的时候，可以选用激荡的背景音乐，充分调动观众的情绪。而如果是悬疑向的短视频，在谜底揭开前选用令人紧张的背景音乐，可以令观众对剧情更加投入。

当你找到一个认为适合的背景音乐时也不是立刻就可以投入使用的。往往一个背景音乐还不足以完全表现出复杂的情节，那就要求剪辑师将多个背景音乐按照剧情的发展剪辑到一起，从而令短视频使人更有代入感。

背景音乐在剪辑配适画面的时候，要按照音乐的节奏来切换画面，这样可以让画面更加有层次感。同时音乐的选用还应该张弛有度，节奏快的地方多适用于多镜头快速切换，而节奏慢的地方则多适用于长镜头。背景音乐应该尽量选用纯音乐，避免歌词对观众的思维产生影响。当然，版权问题也必须要注意，背景音乐千万不能侵权，防止产生纠纷。

5.3.6　优化视频播放，提升观看体验

短视频是否容易播放对于观众而言是十分重要的。如果短视频在播放的时候

经常顿卡缓冲，这对于观众而言观看体验必定是极差的。而且短视频的观众大多都是利用在上下班途中的碎片时间来进行观看的，对于他们而言，首选的短视频自然是常用社交应用平台中的，短视频制作团队如果将短视频投放在这样的平台上也会更加易于传播。

短视频的播放流畅与否同视频网站的服务器有关，优化服务器使短视频播放更流畅，有利于短视频被更多的观众看到，从而起到更好的效果。也可以避免在某个短视频爆红之后，由于播放量急剧上升而导致服务器瘫痪的情况发生。

有视频 APP 的视频网站更加有利于短视频播放的优化。现在有许多视频网站都在相关的 APP 商店里免费上架了其短视频播放 APP，观众在挑选常用短视频观看网站时也会更倾向于挑选这种。短视频制作团队与这些短视频分享平台进行合作，有利于为观看者提供良好的观看条件，从而达到使短视频快速传播的目的。

5.3.7　LOGO 设计鲜明统一

LOGO 是一个短视频制作团队留给他人的第一印象，因此选择一个好的 LOGO 是非常重要的。LOGO 即标志，是单词 logogram 的简写。LOGO 是一个团队的代表，体现了该团队的总体精神与品牌文化。LOGO 多是由一些简单的符号组成，采用暗喻、联想、象征等手法传递着某种信息。

想要设计出一个好的 LOGO，可以选择专业的设计公司来进行，专业的设计者可以更高效全面地完成设计。但是对于创业初期的短视频制作团队而言，费用可能会较高，在预算不足的情况下，也可以采取自己设计的方式。设计一个 LOGO 其实不算太难，但是有很多需要注意到的地方。

在设计之前，首先要弄清自己为什么要设计这个 LOGO，想要表达出什么内容，想要达成怎样的效果。这些问题是组成一个 LOGO 的最核心的部分。在搞清楚这些问题后，就可以开始着手设计了。LOGO 的设计有很多种类，究竟选择哪一种手法要依靠短视频团队想要表达的团队精神来决定。

这是一个信息快速更替的时代，作为一个短视频团队，LOGO 的选择应该简单而特别。简单是为了让看到的观众可以很容易地记住，甚至在看到形状相似的东西时都会产生联想。LOGO 的设计不应该太复杂，虽然其应该传递出团队最想表达的理念，但是仍应该采用暗喻的手法来在简单的设计中体现出来。而特别则是为了让观众难以忘记，当一个 LOGO 被观众牢牢记住时也就意味着这个短视频团队开始被别人记住了。

LOGO 在最终决定之前一定要慎重，因为一旦敲定了最终成品并且在短视频中加以运用后，就不能够再轻易改换了。LOGO 作为一个团队的标志，应该有同一性，绝不能经常因为一些小的原因就进行改换。频繁地更改 LOGO 会导致观众的记忆产生混淆，不利于短视频团队快速聚拢"粉丝"。

5.3.8　片头片尾体现变化

片头与片尾在一部影视作品中的重要作用不可替代。短视频作为影视作品中的一类，自然也同样需要片头片尾进行气氛的烘托。而短视频的特性要求它的总体时长较短，能够分给片头与片尾的时间也就更加短暂了，想要在如此之短的时间内体现出片头与片尾的重要意义，这就要看制作者的技术了。

片头位于整个短视频的起始位置上，应该快速引入整个故事的主题，让观众迅速入戏，将注意力全部投入其中。利用节奏与故事主题相适应的音乐烘托气氛，激发出观众的感情。同时片头还需要对主要演员与故事背景进行一个短暂的介绍，让观众有一定的了解后，在观看的时候才会觉得更加顺畅。

片尾位于短视频的最末端，也有着其不可或缺的作用。一个好的短视频片尾应该在最后回顾整个故事，渲染气氛，最终升华主题，做到有始有终。好的片尾可以在整篇后面继续调动观众的注意力，令观众对短视频故事本身产生更多的思考。同时在全部内容结束后，还可以令观众感到回味，引发其思考。

片头和片尾既相互呼应，又相互区别。片头片尾通常采取不同的手法来达到不同的目的。片头主要需要快速将观众代入故事，通常戏剧冲突较为强烈，引人入胜。而片尾则是需要帮助观众在最后理清思路，回顾全局。无论是片头或者片尾，对于一个短视频而言都能够体现出其水平，所以应该得到短视频制作团队更多的重视。

以上就是短视频制作的过程当中应该注意和避免的一些事项。这些事项在具体实践运用的过程当中应该具体问题具体分析,根据不同短视频情况采用不同的方法,避免其中提到一些的错误,如图 5-4 所示。只有这样才能够真正将一个短视频团队运营好,吸引到"粉丝"的目光,成为一个成功的短视频运营团队。

合理利用和整合资源	镜头的流动和转换顺畅	把握分镜细节,少用转场特效	剪辑突出核心和重点
音乐、背景声音贴合画面	优化视频播放,提升观看体验	LOGO设计鲜明统一	片头片尾体现变化

图 5-4　短视频制作注意事项

第 6 章

短视频发布：渠道选择很重要

在短视频制作完成之后，下一步就是要进行发布。在发布这一阶段，渠道的选择非常重要，一个好的渠道可以令短视频在最短的时间内打入新媒体营销市场，最快地吸引到"粉丝"，从而获得知名度。

6.1 选择合适的短视频渠道

随着短视频在网络上的热度日益高涨，如今有越来越多的新媒体营销公司看到了其中的巨大利益，纷纷推出了各自的短视频投放平台。这些平台良莠不齐，侧重点也各不相同。一个全新的短视频团队，如何从中挑选出一个最适合自己短视频作品的也变得越来越难，以下就是一些挑选短视频渠道的技巧。

6.1.1 调研分析各大短视频平台特色

作为一个短视频制作团队，在短视频完成后应该先对各大短视频平台进行一定程度上的调研，然后根据调研结果，选择与团队短视频目标人群一致的平台进行投放，只有这样才能快速地将平台自身的用户转化为短视频的"粉丝"。

现在的短视频平台大致分为独立平台与综合平台两种，如图 6-1 所示。独立平台指的是专门以短视频为核心卖点的平台，而综合平台则指的是包含多种功能其中兼有短视频内容的平台。这两种平台各有各的优势。独立平台虽然一般社交业务较弱，但是有喜欢固定类型的"粉丝"群体，如果选取这样的平台，制作团队只需要选择一个目标群体相同的即可。综合平台往往不是以短视频业务为主，但是由于综合平台社交功能强大，固定"粉丝"群体也较为庞大，如果短视频在其上获得认可，转载起来人气积累的速度较快。

2017年短视频平台类别解析

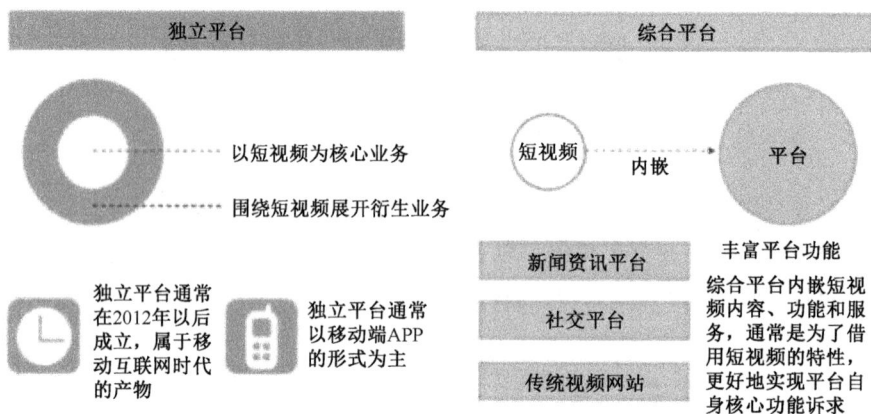

图 6-1　短视频平台分类

在 2017 年里，较火的独立平台有美拍、抖音、快手、火山小视频等，这些短视频平台各自有不同的目标群体，如图 6-2 所示。美拍的用户群体大多是一些喜欢与他人分享自己生活的城市年轻女性，她们普遍喜欢时尚类的短视频；抖音的用户群体则大多是一些"90 后""00 后"，他们普遍喜欢有个性的、可以展示自我的短视频；而快手、火山小视频的用户群体较为类似，大多喜欢更接地气、社交性更强的短视频。

图 6-2　独立短视频平台

综合平台中传播度最广的就是微博了。微博作为一个社交平台，具有非常高的便捷性，拥有发布信息快、信息传播速度快的特点。根据第三季度新浪微博财报数据显示，微博活跃用户已经达到了每月 2.22 亿人。在用户群体如此之广的一个平台上，一旦某个短视频引爆了热点之后，将会被多次转载，获得相当大的播放量。现在有许多知名的短视频"网红"如 papi 酱、同道大叔等，都是从微博上起家的。

独立平台与综合平台各有其特色，短视频制作者在发布时可以根据其内容的特点以及目标用户来进行选择。也可以采用独立平台与综合平台共同发布的模式，使得两个平台之间的优点可以互补。

6.1.2　明确各大短视频渠道规则

在选定了一个短视频发布渠道后，一定要注意该平台上的规则。不同的短视频平台根据自身的特点制订了相应的规则，除了最基本的不能违反国家法律法规、禁止投放淫秽色情类短视频的这一类规则以外，还有各自需要注意的地方，短视频制作团队在选择的时候应该对此提起注意。

各大短视频平台根据规则可以分为内容型短视频平台与商品型短视频平台两类。内容型短视频平台以美拍、快手为代表，其规则一般要求作品必须有自己的独特内容，在短视频内不能售卖东西，也不能够在简介里出现商品购买地址等。这类平台注重的是短视频内容本身，吸引到的用户群体也是注重内容的。

而商品型短视频平台则不然，该类平台以淘宝为代表，本来就是做电商起家的，创建平台本身就是为促进电商行业发展服务的。所以在这类平台上直接售卖商品大多是被允许的，但是也要遵从一定的规则。

除了短视频发布规则以外，各个平台上的分成补贴规则也不同。为了能够留住更多优秀的短视频制作团队，现在很多平台都会与团队签订合同，给予一定量的补贴，这种合同一般会要求该团队在此平台上独家发布短视频，所以如果签订后再前往其他平台发布就违反规则了，会受到平台的追责。而不同平台给发布者的收益分成也是不同的，这要看各个平台的具体规则。

短视频想要在选定的平台网站上得到有效的推广，其内容就必须健康、积极向上，按照该平台的规则来进行。或许内容不规范的视频可以在短时间带来短暂的人气，但是那只是观众群体的猎奇心理所导致的暂时现象，长此以往只会最终走向绝路。而且如果因为这些视频而导致已经有了一定人气的短视频账号被封，对于整个短视频团队而言更是得不偿失。一味地为了能获得短暂的人气而搏出位的行为只会削减一个短视频运营账号的生命力。

6.1.3 有取舍地选择多渠道分发

短视频的发布不一定全部都要局限在某一个平台上，在不违反各个平台规则的情况下，短视频制作团队可以在多个渠道共同发布，在不同的平台上同时聚拢人气，可以快速早期积累"粉丝"。但是发布的渠道也不是越多越好，短视频团队在选择渠道的时候还应该有一定的取舍。

1. 首选平台目标人群应相同

短视频的首选发布平台，自然是其目标群体与短视频的目标群体相同的平台。根据自身的定位与想要达成的目标谨慎选择首发平台，这样可以为短视频制作团队营造出一个好的口碑，同时也可以最大限度地抓取早期"粉丝"。

2. 独立平台与综合平台共同发布

独立平台与综合平台的用户构成有很大的区别，短视频在这两类平台上共同发布可以起到一个有效的互补的作用。在独立平台上吸引目标用户观看的同时还可以在综合平台上依靠其传播速度快的特性，不断扩大目标用户群体，从而使短视频团队作品不断翻新，保持新鲜度。

3. 不在同类平台上多家发布

有的人认为一个短视频作品完成后应该在所有的目标用户相同的平台上都发布，但是这种想法其实是存在一定的问题的。同类短视频平台之间存在着竞争性，它们所竞争的内容就是优秀的短视频制作团队，因为只有优秀的短视频作品才能保证平台的生命力。一个短视频作品能否扩大知名度，一方面是依靠本身的质量和团队的运营，但是另一方面也依靠平台的推广。如果在同类的多家平台上共同发布的话，由于"粉丝"过于分散，就很难得到平台的重视。

6.2　渠道数据监控：实现短视频效果评估

在短视频成功发布以后，其团队应该对播放量、转发量等数据进行实时监控，从而分析出该短视频的效果是否符合团队的预期。观众对于哪些方面提出了意见或建议，对以后的短视频应该如何调整有重大的参考价值。

6.2.1　获取运营数据概览

运营数据的获取是一个团队评估短视频效果是否达到预期的最基础需要。在此基础上什么样的数据才是团队所需要的则成了最重要的部分。现在是一个大数据时代，只有掌握了足够的数据才能更好地对短视频进行优化调整。下面就将获取运营数据的类型做一个简单的分类，如图 6-3 所示。

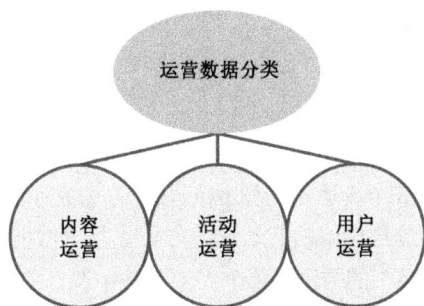

图 6-3　运营数据分类

1. 内容运营

内容运营（见图 6-4）首先要收集的是短视频的播放次数和停留时长的相关数据。播放次数是一个短视频是否受欢迎的最直观的体现。播放次数的高低直接反映出了该短视频的题目简介是否对目标群体具有吸引力。而停留时长则是反映出该短视频的内容是否令观众满意，能否让观众一直看到最后。在某个时间点如果有观众大量流失的情况则代表着此处的内容在今后的短视频中应该予以调整，这为短视频内容的优化提供了有力的理论支撑。

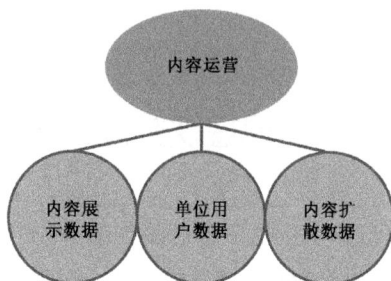

图 6-4　内容运营数据

其次要收集的就是单位用户的相关数据。单位用户播放数量可以直观地体现出该短视频是否可以吸引观众反复观看，是对短视频内容质量的一个有力评判标准。除此之外，单位用户的重复活跃次数也非常重要，活跃的用户是短视频最好的宣传者，越活跃的用户在转化成"粉丝"后就有越大的影响力。

最后，内容扩散数据也是非常重要的一组数据。通过对短视频的不断分享，可以不断地扩大"粉丝"群体。而在分享到不同平台后的用户回流率则可以体现出哪个平台更适合该短视频团队下一步的发展，回流率越高就代表着该平台的用户群体和团队的目标群体越一致。

2. 活动运营

活动运营的主要目的是吸引"粉丝"的关注、加强已有"粉丝"的黏性、带动"粉丝"的贡献，如图 6-5 所示。像 papi 酱、办公室小野这种经常在微博上发布短视频的"网红"，最常使用的活动运营方式就是"微博转发抽奖"。转发抽奖是一种很好的吸引"粉丝"的方法，每个人都喜欢中奖，就算只是为了奖品都会转发，从而扩大了短视频的传播度。

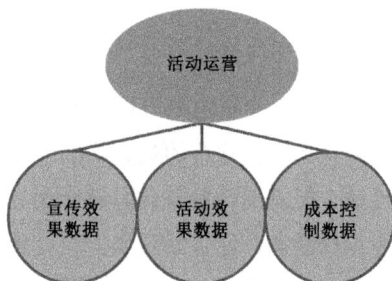

图 6-5　活动运营数据

在活动运营的过程中同样也要注意收集一些数据。首先是宣传效果数据，活动运营本身就是为了宣传短视频而服务的，不同渠道下所形成的不同效果是短视频团队在下一步的活动运营中最需要关注的。在接下来的活动运营中，对于效果反馈好的渠道应该投入更大的资金与精力。

其次，还要注意收集活动效果数据。活动效果数据与宣传效果数据不同，活动效果数据更注重活动本身形式是否成功。活动参与人数是必须要收集的，因为这代表此次活动所引起的关注度有多高。由于活动参与方法往往在短视频内容的最后，所以收集满足活动目的的参与人数则可以有效地评估有多少观众看到了最后。

最后，成本控制数据也是必不可少的。无论是转发抽奖还是"粉丝"回馈，都需要一定的成本支出，这种支出必须要和最后得到的回报成正比，只有这样才是一次成功的活动运营。想要衡量回报比，必须要有预估成本、实际成本与单位用户成本这三个数据。预估成本是在活动策划时期按照以往经验估计得到的结果。实际成本往往和预估成本有所出入，在收集的时候要注意对比。而单位用户成本可以量化每一个"粉丝"的增加需要短视频团队投入多大的成本，是对活动运营效果的最有力体现。

3. 用户运营

能吸引到足够的用户是支撑一个短视频团队继续发展的根本因素。对于短视频这种新媒体网络营销而言，用户量就是其价值的体现。papi 酱能够得到 1200 万元融资，正是因为她有庞大的用户群体。所以，做好用户运营是一个短视频团队的重中之重。图 6-6 就是一些用户运营所必须收集的数据种类。

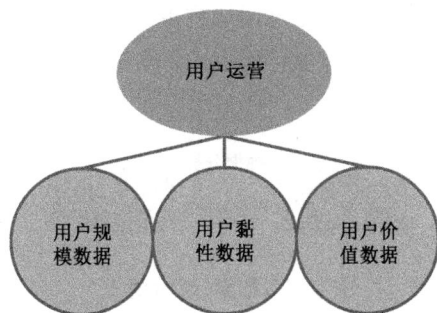

图 6-6　用户运营数据

用户运营数据中首先要关注的就是用户规模，用户规模越大也就意味着这个短视频团队的影响力越大。用户规模数据中要关注新用户数量、老用户数量以及流失用户数量这三个方面，其中新用户数量在每次发布新短视频之后都要进行一次收集，这样可以更直观地看出每个短视频造成的不同效果，从而确定未来的制作方向。老用户数量可以体现用户的黏性，通过流失用户数量可以分析出当前存在的不足。

其次要收集的还有用户黏性数据，其体现在重复观看、活跃以及付费用户的数量上。愿意进行以上重复操作的用户，其黏性是非常大的，这一部分用户有很大潜力可以成为短视频团队的忠实"粉丝"，在进行用户群体需求分析的时候，应该对这一部分加以重点分析，并且在未来的其他短视频制作过程中也应该重视其需求。

最后还应该对用户价值数据加以收集。用户价值能够转化成短视频团队的价值，用户价值越高，短视频团队的市场竞争力也就越强。用户价值的衡量要看其单位用户贡献价值，单位用户贡献价值可以将每一个用户带来的效益具体化，在每增加一个用户或者每减少一个用户的时候，短视频团队可以更直观地了解其带来的影响。

6.2.2 掌握数据分析五大方法

在信息网络时代，一个短视频团队想要在同类团队中脱颖而出，必须要将自身的优势凸显出来，在这种情况下就必须将收集到的数据进行充分的分析后转化为信息，这样才能把握住趋势，从而吸引到更多的用户，如图 6-7 所示。但是如此庞大的数据的分析无疑是有较大的难度的，于是掌握一定的数据分析方法就显得尤为重要。

图 6-7　数据分析的意义

1. 可视化分析

可视化分析是将数据、信息转化为可视的表示形式的过程。最基础的可视化分析工具就是 Excel，通过使用 Excel 可以将收集来的数据与信息转化为图表，使得分析者可以对其有一个更直观的感受。随着网络数据总量愈发地庞大，仅仅通过人工来进行可视化分析已经变得愈发困难，现在有越来越多的公司专门提供了可视化分析软件来辅助分析。

以同道大叔作为例子，如图 6-8 所示，同道大叔拥有 1300 万"粉丝"，他的每一个短视频作品都会引起很大的反响，但是其中还是有一些作品的关注度要高于其他作品。在数据如此庞大的情况下，想要从数字里分析出哪个作品才能引发爆点无疑是非常费时费力的，但是如果将其转化为图表，进行可视化分析，就会将工作量大大压缩，同时得出的结果也可以令人一目了然。

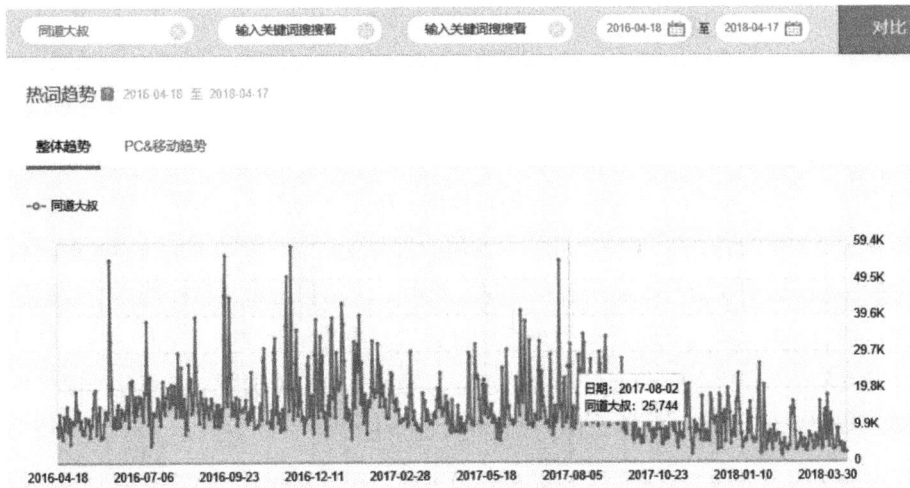

图 6-8　同道大叔持续生产爆点作品

可视化数据分析可以更快地将分析结果传达出来，同时还可以增强观众的理解。可视化数据分析可以更直观地表现出哪些短视频作品收到的反馈结果是好的，哪些是不好的，这样有利于短视频团队在今后进行调整。可视化数据分析还可以起到观众市场指向性的作用，如果从某个作品处观众满意度大幅度下降，团队可以及时调整，避免酿成更糟的后果。

2. 数据挖掘算法

数据挖掘算法是根据已有的数据创建出一个数据挖掘模型后进行计算的一种数据分析方法，如图 6-9 所示。这种数据分析方法的构成较为复杂，对于初学者而言，进行实践可能存在着一定的问题，但是掌握好这种算法后在短视频的数据实际应用过程中会带来极大的便利。

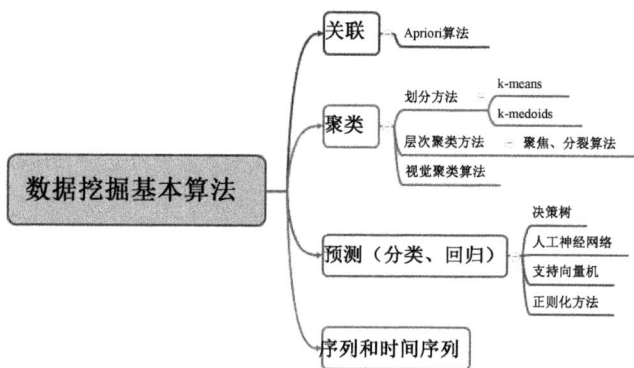

图 6-9　数据挖掘基本算法

数据挖掘算法中有不同的分类，在为了达到不同的需求目的时应该采取不同的方法，选取适合的方法可以大大提高数据分析工作的效率。拿美拍这一成功的短视频 APP 作为例子，美拍在最初选定用户群体的时候，可以运用数据挖掘算法中的 k-means 聚类算法，将用户群体进行划分。然后再通过对目标群体的数据挖掘，接着对其兴趣特征进行聚类分析，得到了美拍的目标群体为年轻女性，以及年轻女性的兴趣特征等信息，在美拍接下来的发展中着重加强这一部分的用户体验，从而成为 2017 年最受欢迎的女性短视频 APP。

数据挖掘算法是一种复杂的数据分析方法，其体系庞大，但是掌握好之后可以为短视频发展方向起到很好的指引作用。在数据量庞大的情况下，使用数据挖掘算法建立模型，对于错误数据的包容性较高，可以得出更准确的结果。不同的数据挖掘算法有其不同的优势，在实践过程中使用者可以更好地进行体会。

3. 预测性分析

预测性分析所包含的是各种统计学技术，以上所提到的数据分析方法都可以为其提供理论支撑。想要预测性分析准确，必须要拥有足够的数据，数据越多，覆盖面越广，最后得出的分析结果就越有权威性。所以在进行预测性分析之前，还要进行预测数据收集。预测数据需要涵盖你想要预测的全部方面。

预测性分析并不是预言，它的结果并不是百分百准确的。预测性分析只是根据现有的数据进行建模，然后使用数据挖掘工具对近期的数据和过往的全部数据进行分析，从而对未来进行预测。预测性分析的本质还是概率，所以得出的结果依旧有一定概率不发生。即便如此，预测性分析对于一个短视频团队找准市场趋向还是有不可替代的重要意义。

4. 语义引擎数据分析

语义引擎是最直接的应用语义技术的一种方式，可以令人们快速地从烦琐的搜索条目中更快捷、更精准以及更全方位地获取所需信息，提高用户互联网搜索的效率。语义引擎的分析是针对短视频目标群体进行的，充分分析其在搜索时的用词习惯，取出符合其搜索习惯的短视频名称，写出相应简介，从而提高该短视频被搜索到的概率，增加其曝光度。

日食记是一个从 2013 年开始做美食类短视频的账号，截止到 2018 年 1 月，该账号拥有了超过 1100 万"粉丝"。做美食短视频的博主数不胜数，日食记的成功体现了语义引擎数据分析的重要性。日食记看似拍摄的都是普普通通的美食短视频，但博主营销的其实是情怀，他分享的不仅仅是美食的做法，更多的是他的人生体悟。于是其短视频的文案大多与情感相关，如图 6-10 所示，这一期短视频的主题是"父爱"，在搜索引擎中如果搜索"父亲的家常菜"，相关推荐里就会出现这一视频，大大增加了视频的曝光率。

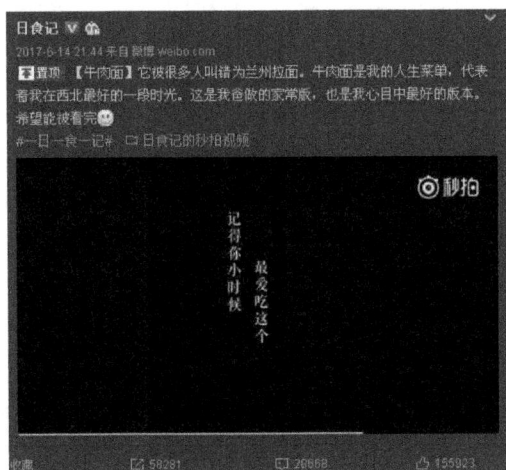

图 6-10　日食记的短视频

短视频团队在发布短视频的时候，要根据语义引擎数据分析得出的结果，尽量在短视频的题目及文案中多覆盖目标群体的搜索关键字，这样可以很大程度上提高目标群体通过搜索发现这期短视频的可能性，在短视频质量有保障的情况下，通过这种分析方法可以起到很好的营销作用。

5. 数据质量和数据管理

数据质量在各个数据分析方法中都占有主导性地位。只有足够准确的数据才能得出有指导意义的结果，所以在数据的收集过程中必须要注重数据的准确度，辨明真伪。数据的采集必须要依照一定的制度和规范性流程，对于其中存在问题的数据一律不能采用，高质量的数据才能带来正确的短视频团队发展方向预判，而低质量的数据只会造成干扰，导致短视频团队走向错误的发展道路。

数据在收集到以后也应该依照一定的规章制度来进行管理。对于每一个进入数据库的数据都应该加以把控，确保其真实性。在管理过程中必须要保证数据的连续性，避免对数据的完整性产生不利的影响。数据应该有具体的分类，这样在使用数据的时候才能效率更高。构建数据结构时一定要保证其整个信息架构的合理性，只有这样才能为之后分析数据的步骤打下坚实的基础。

数据分析是将数据转化为信息的一种方法，如图 6-11 所示。短视频团队依靠数据分析可以最直观地了解目前存在的问题并加以改正，从而对短视频进行优化，同时还能根据数据分析充分了解目标群体的需求，找到正确的发展方向，避免走弯路。数据分析对于依托于网络来进行新媒体运营的短视频领域而言，是必不可少的。

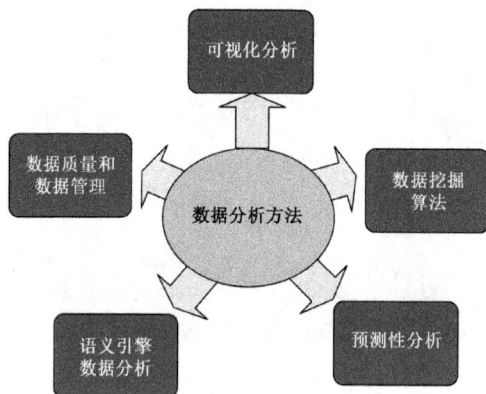

图 6-11　数据分析方法

6.2.3　建立效果评估模型，优化短视频

效果评估模型的种类有很多，短视频营销虽然是一种新兴的新媒体网络营销方法，但是其与传统的营销方式本质上是共通的。短视频营销效果的评估模型可以选用最常见的营销数据分析模型——安索夫矩阵，如图 6-12 所示。

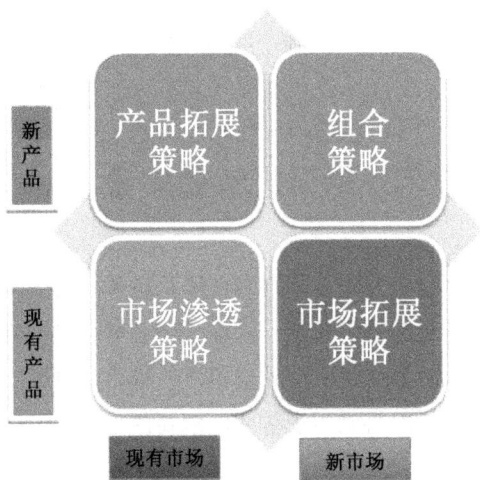

图 6-12　安索夫矩阵

安索夫矩阵于 1957 年被提出，其以产品和市场作为分析基准，区别出四种不同的产品/市场组合和与之相对应的营销策略。对于短视频团队而言，在进行短视频营销的过程中，符合两种组合模式：新产品/现有市场与现有产品/现有市场。

在新产品/现有市场这一模式中，根据安索夫矩阵，短视频团队应该寻找产品拓展策略，也就是团队应该以开拓目标群体为目标。想要开拓目标群体，首先要发掘出短视频的卖点，深入了解目标群体的真实需求。在这个过程中需要大量的与短视频相关的营销数据的收集，真正了解目标群体的内心想法。

就比如同道大叔，他在创作星座情感搞笑类短视频之前，曾在微博上长期收集"粉丝"对于不同星座的看法以及与不同星座的人发生的有趣的事。他通过对这些数据进行分析，总结出了目标群体希望看到每个星座都是什么形象，然后将其融入了自己的短视频"处女座"之中，一经投放就深受好评。

当短视频团队已经有了一些作品以后，再进行网络营销时应该按照现有产

品/现有市场这一模式使用市场渗透策略，与其他同类短视频进行对比，找到自己的独特点，采用差异化战略。对短视频作品进行优化，在目标群体心目中占据独一无二的地位，增强其在同类市场中的竞争力。

短视频的优化要依据目标群体的需求以及反馈来进行不断的调整。将目标群体的喜好标签化，然后找到自身的独特之处，在成本允许的情况下将其发扬光大，成功打造一个深入人心的短视频品牌，成为短视频领域中的一个独特的符号。

6.3 渠道发布优化：提升视频播放量

在短视频成功在平台上发布以后，制作团队最关心的数据就是其播放量。如果播放量较高，达到甚至超过了预期，那就说明该短视频取得了阶段性的成功。但是如果播放量低于预期值，就应该改变相应的策略，通过一定的手段快速提升短视频的播放量，以保证能得到短视频团队想要的效果。

6.3.1 标题分类精准，利于搜索

对于任何一个作品，标题都是最先给观众留下印象的。标题是否吸引人，对于能否使得观众点进去观看有着至关重要的作用。想要起好一个标题，必须要抓住目标用户的心理。比如，作为一个减肥健身类短视频，如果取名"10 组最适合减肥的运动"就远没有"1 个月减掉 30 斤，她是这样做的"来得更吸引人。减肥的目的就是想要减轻体重，在标题中将其具体表现出来可以更容易吸引目标群体。在为短视频取标题的时候，还可以营造一定的悬疑感，引起他人观看的欲望。

对于一个短视频而言，标题是最先为用户留下印象的部分，可以说标题就是一个短视频的点睛之笔。短视频制作者想要通过标题来吸引用户，就必须在其中体现出用户的需求，精准地戳中用户的"痛点"。

标题的分类必须精准，现在很多短视频平台都会将同类的短视频放到一个板块当中，以求可以更利于用户的观看。在这种情况下，标题的分类必须精准才能被平台分入正确的板块当中，吸引特定的用户，避免出现放错板块而导致目标群

体错误，播放量急剧滑坡。

一个成功的标题中还必须存在关键字。关键字一方面是由短视频体现的主题提炼出来的，另一方面也是根据目标用户的搜索习惯总结而出的。将关键字放置于标题中，目标用户在使用搜索引擎进行习惯性搜索的时候有很大概率会注意到，这就大大增加了该短视频被更多人关注的概率。

精准的关键字也可以更有利于被搜索引擎所抓取。搜索引擎内部对于关键字的筛选有其专业的算法，短视频制作者可以根据相关关键字的搜索结果来进行统计，从而找出能带来最高曝光率的关键字选取方法。

6.3.2　首图、标签、介绍三管齐下

首图指的是短视频的首页封面。现在几乎所有的短视频平台的首图都是由投放者自行按照规定的尺寸选择的。对于平台用户而言，对短视频的第一印象就是其首图，所以首图选择的好与坏会影响到用户对整个短视频的印象。为了能吸引到更多的用户，短视频的首图一定要谨慎选择。

根据用户的浏览习惯，在平台首页进行短视频浏览的时候，在每个短视频处停留的时间只有短短几秒，为了能体现出短视频的吸引力，首图与内容之间必须含有关联性，令用户对其有正确的基础认知，从而对该短视频产生黏性。调动用户的好奇心是一个非常有效的吸引用户的方法，可以大大提高用户的关注度。如果首图选择人物，其表情最好较为夸张，以利于引起用户的观看欲望。

在当今的社交网络中，标签化这一情况已经愈演愈烈了。不仅仅人有标签化的情况发生，就连事件、地域、物品也纷纷被标签化了，短视频自然也不例外。比如，提起电影相关短视频的制作者谷阿莫，别人的第一反应就是"开变声器做电影吐槽的"。"开变声器"和"电影吐槽"就成了谷阿莫的标签，于是在提起电影"吐槽"的时候，人们同样很容易就会联想到谷阿莫。这就是标签化的力量，使他人拥有了记忆点。

短视频应该如何选好标签制造记忆点呢？有以下两点需要注意。第一点，短视频的标签要选取得易于搜索。尤其在一个短视频团队的起步阶段，既没有知名度又没有足够的成本进行大肆宣传，易于搜索的标签可以帮助短视频增加曝光

度，从而快速积累早期人气。另一点就是短视频的标签还要具有特色。与众不同的短视频标签可以制造用户的记忆点，从而将短视频与这个标签画上等号，加深对其内容的印象。

一个短视频的介绍需要起到令用户在观看之前先对内容有一个初步了解的作用，所以该介绍一定要写得足够吸引人又不能过长。想要吸引到用户，首先要了解其需求，然后在介绍中先突出其"痛点"，在引起共鸣后再对短视频的内容加以介绍。短视频的介绍还必须简短。越简短，其易读性也就越强。在给短视频介绍打好草稿之后，应该对其进行删减，去掉不必要的细节，最后留下最简单、最击中用户"痛点"的部分即可。

短视频介绍的风格也要与其内容相符。如果是搞笑类短视频，其介绍应该写得轻松幽默；而如果是悬疑类短视频，其介绍也应该同样留下疑点，引发用户思考。与内容风格相符的介绍可以令用户在观看短视频之前就进入特定的氛围当中，有利于让用户感同身受，引发共鸣。

短视频的首图、标签与介绍都是在其主体内容被用户观看之前就先带给用户最直观感受的。为了能让用户对短视频产生观看的欲望，制作团队在首图、标签与介绍的选择过程当中一定要有所取舍，从目标用户的角度出发，按照其需求选择真正可以击中其"痛点"的，只有这样才能做好短视频营销的第一步。

6.3.3　争取优质资源位

一个短视频想要得到高曝光率，就一定要抢占到一个好的资源位。资源位指的是短视频平台为短视频投放者提供的平台首页以及内页中的非竞价推广位置。资源位的优势在于可以被每一个点进短视频平台的用户看到，而且由于其是非竞价性质的，对于资金不足的短视频团队而言也不是那么难以触及。下面就以最有影响力的弹幕视频网站 Bilibili（以下简称 B 站）为代表来讲解一下如何才能争取到优质的资源位。

B 站的推广位可以说是 B 站最好的资源位了，如图 6-13 所示，B 站推广位在 B 站首页的上方，每个点进 B 站的用户都会一眼看到，对于一个短视频而言，这无疑是增加播放量的最有力途径。当然，由于 B 站推广的位置极少，想要成功登上也是非常不容易的。B 站是一个综合类视频网站，其上各种类型的短视频各有千秋，只有在一定时间内播放量较高，同时有大量的点赞，才可能登上 B 站推广位。这对于新的短视频团队而言困难还是较大的。

图 6-13 B 站推广位

除了推广位以外，B 站首页还有各种各样稍次之的资源位。首页推荐位于推广位的上方，随着用户的刷新会推荐不同的视频，虽然也同样位于 B 站首页，但是与推广位相比，由于刷新速度较快，很容易被用户错过。B 站还有一个资源位叫作"分类首页"，顾名思义，其位于每个视频分类的第一页，每次获得回帖、积分或者硬币，该短视频就会出现在分类首页第一位。这对于新的短视频团队而言是非常友好的，只要加强短视频的互动性就能频频出现在这个资源位。

想要在一个短视频平台上取得好的资源位，除了要了解该平台的规则以外，还有一些可以注意的技巧。比如，避免与短视频"大神"同时发布作品。短视频团队在发布作品前可以观察同类的短视频"大神"通常在什么时间发布，然后尽量错开那个时间，保证短视频的关注度，争取到更多登上优质资源位的机会。

每个短视频团队都会希望自己的作品能够有最好的资源位，被最大限度地曝光，但是想要达到这个目的必须采用正当的手段。现在有一些商家提供短时间帮刷播放量提高人气的服务，这种服务虽然可以令短视频很快登上优质资源位，但是同样容易被用户发现。一旦采用这种不正当竞争手段并被其他用户举报，该短视频发布账户就会被平台拉黑，在用户心里也会留下一个不诚信的印象，得不偿失。

第 7 章

如何获取第一批用户

在短视频行业日益红火的当下，每一天都有许多新的短视频团队诞生。他们其中有许多没有在用户的心里留下一点痕迹就消失了，究其根本就是因为他们没能把握住第一批用户。第一批用户虽然不意味着一个短视频团队营利的开始，但是从长远的战略眼光来看，第一批用户比初期营利具有更大的意义。

7.1 光环+热点

对于一个全新的短视频团队而言，在初期完全没有一点人气的情况下，想要快速地获取一批用户就要借助其他的一些影响力。其中借助本身已有的光环或者抓住网络中的热点话题无疑是非常好的方法。

7.1.1 用自身 IP 打造光环

在 2017 年里，IP 已经成了网络中的一个流行词汇。那么究竟什么是 IP 呢？IP 即 Internet Protocol 的缩写，原意是指知识产权，现在被扩展解释为一切拥有知名度、具备一定市场价值的东西。短视频团队如果使用大 IP 相关的一些内容来丰富作品内容，会起到很好的获取第一批用户的作用。

2017 年似乎是嘻哈文化盛行的一年，国内外都纷纷推出了推广嘻哈的电视节目。在短视频领域里也有很多团队制作了嘻哈相关的作品。其中有一个短视频系列在国内外都引起了很大的反响，那就是"迪士尼公主说唱大战"。这一系列的短视频每一期都会选择两个迪士尼公主，以她们的形象进行说唱对战。将每个迪士尼公主的故事内容重新编写，以说唱的形式表现出来，如图 7-1 所示。

| 迪士尼公主 Rap Battle 系列冬日之战 FREYA VS | 【迪士尼公主说唱大战】长发公主乐佩 VS 安娜公主 | 【迪士尼公主说唱大战】贝儿（美女与野兽）VS 辛德 |

图 7-1　迪士尼公主说唱大战

迪士尼公主系列可谓是全球性的大 IP，每一个公主都深受孩子和成年人的喜爱。迪士尼每年也在不断推出新编版的公主电影，持续保持 IP 的热度。说唱这种音乐形式的接受度较窄，往往只有一些追求潮流的年轻人喜爱。不了解说唱的人在接触初期很难对其产生兴趣，这也是说唱类短视频经常热度一般的原因。但是有了迪士尼公主这一光环加持，就不一般了。

作为深受大众喜爱的迪士尼公主，她们中的每一个都有大量的"粉丝"，所以这种两两一组的对战方式制造了争论点，会引起她们的"粉丝"各自站队，争论到底哪个公主更胜一筹，从而引发舆论话题，增加了短视频的播放量，获得大量"粉丝"。

除了使用大 IP 以外，还可以将自身变成一个 IP。在这种情势下，吸引用户的就不再单纯是短视频内容了，而变成了一个人。将价值转化到自己身上以后，不仅可以吸引用户，还无须再担心同类短视频的竞争。当你成为一个 IP 的时候，就具有了短时间内的不可替代性，自然而然地就吸引到了一大群用户。

想要成为一个 IP，必须要有独特性。只有用户从你身上能够得到从别人那里得不到的东西时，他们才会认同你，并且这些东西必须是原创的，抄袭而来的东西永远都不会真正变成自己的，只有原创才是保证短视频持续生命力的不二关键。这必定是一个艰难的过程，坚持很重要，只有不断地坚持努力才能获得最终的认可。

在自身 IP 的打造阶段，首先要选准定位。准确的定位来自短视频制作者对于自身作品的正确认知。制作者可以通过用户调研、访谈的方法多多了解用户对作品的看法，这样才能抓准重点，避免出现偏差。

在打造 IP 的过程中，抓住时机是非常重要的。现在各大平台上都有数不胜数的短视频团队，然而成为"网红"的却是凤毛麟角。每一个机会都是稍纵即逝的，在发展过程中如果没能把握住机会，想要再次打造 IP，或许要等待很长的时间。抓准时间，打造爆款 IP 可以为短视频未来的发展提供极大的便利。

在某个短视频在用户群体中得到很大的反响的时候，短视频制作者就应该对此种现象加以研究，找出其最受用户欢迎的点，从而以这个角度打造系列 IP，不断刷新存在感，在不同的平台上进行发布推广，最大限度地吸引来用户，与其加深联系。只有将作品与用户紧密联系在一起，才能使得 IP 真正产生影响力。

7.1.2 "大咖"背书，传递影响力

"大咖"指的是在某个领域取得很大成功的人。而背书则指的是某个人发表对某人或某事的支持。"大咖"背书利用了"大咖"自有的影响力来为一个新的短视频团队做推荐，从而将自己的"粉丝"传递成对方的"粉丝"，现在有很多"网红"公司都是以这种方式来进行营销的，在他们捧红了一个短视频主播后就会令其与该公司新人互动，从而带动新人人气，快速获取第一批用户。

心理学上将这种现象称为"名人效应"。名人效应指的是名人会引起他人注意并扩大影响的一种心理现象的统称。用户通过"大咖"背书会获得一种天然的信任感，起到一种"名人效应"的效果。用户作为该"大咖"的"粉丝"，对于自己喜爱的人自然是信任的，对于"大咖"推荐的人，也就产生了一种爱屋及乌的心理，自然也就愿意去关注。"大咖"背书利用其知名度与美誉度为用户提供了安全感，从而建立了信任体系，增强了新短视频团队的可信任度。

Papitube 是 papi 酱所发起的一个创意视频平台，截止到 2017 年底，已经签约了 30 名短视频创作者，如图 7-2 所示。Papitube 就是一个非常典型的通过"大咖"背书来传递影响力的平台，其签约的短视频创作者有很多在之前都没有什么名气，但是通过平台的推广之后，很快就吸引了一批用户。这种多元化的融合就让 Papitube 这个平台拥有了丰富的形式及不断创新的内容。

图 7-2　Papitube 成员

　　"大咖"背书是一个信息传播的过程，其为新短视频团队提供了获取第一批用户的机会，起到了正面积极的作用，而当该团队逐渐取得人气之后又会反作用于"大咖"，形成一个良性循环。随着团体的不断外扩，可以吸收更多的短视频团队，影响力也同样不断在变大，对于用户的吸引力也就在不断增强。

7.1.3　借助热点话题，提升热度

　　想要借助热点话题提升短视频的热度，首先要找到热点话题。热点话题指的是在一定时间、范围内，人们最为关心的问题。短视频团队通过制作与其相关的短视频可以在用户基础非常薄弱的时候获取第一批用户。常见的热点话题分为周期性热点话题与突发性热点话题两种。

　　周期性热点话题在用户间造成影响的持续性较长，短视频团队在进行制作的时候准备时间也比较充分。比如，在 2017 年末大火的网剧《白夜追凶》就成了喜爱电视剧的用户群体中一个被津津乐道的热点话题，几乎所有与电视剧相关的网站与杂志都在关注。一个想要走影视剧解说类的短视频团队借助这个热点话题无疑可以很快提升热度。

　　在《白夜追凶》的热度逐步攀升到最高点的时候，各个制作影视剧解说类短

视频的团队都纷纷推出了相关的短视频。由于《白夜追凶》的观众群体基数较大，很快这些短视频就得到一定的关注。对于一个热点问题，一定会有很多短视频团队都进行相关内容的制作，想要从中脱颖而出，就必须要有自己的特色。从图 7-3 中我们可以看到，每个短视频的侧重点都有所不同，有的是在讲解剧情，有的是在评价演员演技，有的是侧重于情感。从同一个热点问题中找到不同的切入点，才是一个短视频通过结合热点从而获得热度的最有效方法。

图 7-3 《白夜追凶》电视剧解说

突发性热点话题往往不具备预测性，一经爆出就引起轩然大波。对于短视频团队而言，由于作品的制作需要时间，很难在这种热点话题讨论度最高的时候推出短视频。而且突发性热点话题的变化性也很大，很有可能在讨论过一两天后突然又爆出新的证据翻转原来的事实。对于这种话题，短视频团队在选取的时候必须仔细分辨，避免短视频制作到一半后又不得不作废的情况产生。

热点问题的借助也必须遵从一定的章法。热点的选取必须与短视频未来发展的定位相关联，关联性强的短视频吸引来的用户才会为以后的发展提供帮助。在这个信息社会里，每天都会产生新的热点，作为制作者一定要有所取舍，避免出现短视频作品内容松散的情况。而且选择的切入点尽量符合主流用户的思想观念，避免产生冲突。虽然冲突会在一定时间内带来关注度，但是同时也会导致用户的流失，令短视频热度下跌。

7.2 活动+分享

在早期获取第一批用户的阶段，短视频团队应该多参加各个平台举办的相关活动或者多多通过分享的方式增加曝光度，最大限度地令更多的用户看到。只有被用户看到了，以后才可能有机会将其转化为自己的"粉丝"。

7.2.1　参加短视频比赛，凸显自身

现在短视频相关的比赛种类繁多，参与者也同样众多，这就导致了想在众多短视频中脱颖而出变成了一件难度较大的事。想要在短视频比赛中得到名次，其重中之重就是让该短视频获得足够的热度，也就是足够的关注度。热度有了，短视频就会在列表里排到更靠前的位置，也就会被更多的人看到，这是一个相辅相成的过程。于是如何才能得到高热度就成为一个短视频团队所首要思考的问题。下面就以抖音这个短视频 APP 中的一个比赛为例来说明一下。

抖音作为一个新生的短视频 APP，凭借着广泛的广告铺设，很快蹿红了网络，成为当下新兴的流行短视频 APP。抖音在前一段时间开展的"爱的手势舞"短视频大赛得到了很多关注。从图 7-4 中可以看到，这个比赛的背景音乐共被 164.7 万人使用，参加比赛的人群基数较大。再加上视频的形式较为固定，想要从中取得好名次似乎变得非常困难。有许多短视频播主想要借亮眼的外形来得到一个蹿红的机会，但现下俊男美女层出不穷，观众们似乎也早已审美疲劳了，颜值已经不再是最能打动人的了。

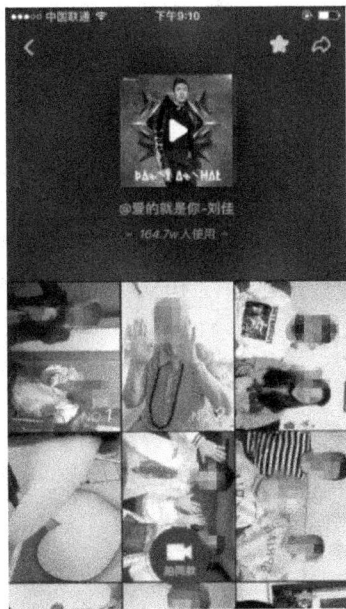

图 7-4　"爱的手势舞"大赛

在这个时候一个特别的视频被越来越多的人关注到，一时在网络中走红。这个视频中两个表演"爱的手势舞"的表演者不再是一对外貌出众的小情侣或是闺中密友，而是两个相貌平平但是在短视频中无时无刻都透露着温馨幸福的老夫妇。这个不同以往的短视频之所以能走红网络，是因为其创新性。提到爱似乎每个人都会想到情侣之爱、朋友之爱，而注意到了经过岁月沉淀的爱的这个短视频制作者，正是因为他的全面化、多角度思维方式，才能在这个短视频比赛中脱颖而出。

7.2.2 活动造势，吸引眼球

活动造势其实就是宣传营销短视频的一种方法，通过这种方法，可以起到吸引用户眼球的目的。活动造势是短视频真正投放前的一个前期积累人气的过程，活动造势的方法多种多样，不同的短视频团队可以根据自己现有的资源选择不同的方法。

1. 预告片投放

对于一些制作周期较长的短视频，尤其是微电影类的，可以在正片正式投放前，先制作一个预告片，起到一个预热的效果。预告片中涵盖的内容，必须要能够满足目标用户的心理需求，从而引发其期待度。为了做到这一点，预告片的情感冲击一定要大，最好可以制造悬念引人观看。

虽然预告片中应该体现正片的精髓，但是千万不能将正片中全部精彩的画面都剪辑进去，否则就会发生用户在观看预告片后期望值过高，而正片却不能满足这种期望值，最终导致用户败兴而归。同时预告片的逻辑与情感基调也应和正片相同，避免用户在观看正片后产生被预告片欺骗的感受。

2. "大咖"推荐

如果短视频团队中有相熟的"大咖"，无论是不是短视频领域内的，只要有一定的关联度都可以拜托他们帮忙进行一下前期宣传，这样可以吸引来一批他们本身的"粉丝"，而且这部分"粉丝"对于短视频团队自带一定的好感度，只要短视频的质量高，很容易就可以从中获取到第一批用户。

3. 社交平台推广

社交平台的推广如今大多发生在微博或者微信上。在微博上如果没有相熟的"网红"博主，可以付出一些资金，雇用营销号来进行前期推广。营销号往往都拥有大量的"粉丝"，而且它们之所以能够成为营销号，在文案创作上也有一定的功力，可以正确帮助短视频造势。在微信上也可寻找一些知名度较高的公众号来进行前期造势。

活动造势主要是为了对短视频正片进行宣传，在用户的心里打下坚实的基础，也就是通过前期造势活动，使得短视频正片投放以后，能够迅速获取第一批用户，如图7-5所示。在活动造势的过程中一定要注意目标用户的感受，造势只是一个推广的过程，绝对不能让用户产生被强迫感。强迫容易让用户产生逆反心理，降低了其接收信息的兴趣。

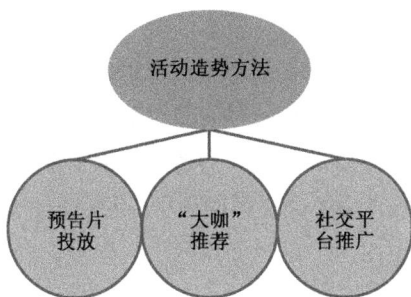

图 7-5　活动造势方法

7.2.3　熟人社交工具分享

在一个全新的短视频团队发展之初，还未积累起用户的时候，拜托熟人帮助转发是走出运营第一步的好方法。这种方法是依托现有社交资源来实行的，每个人都有过被熟人找上门来要求帮忙分享微信、微博或者各种作品的经历，当这样的人多了，很多人在烦不胜烦中也逐渐找到了应对的方法，不是视而不见就是虽然帮忙但是仅对分组可见。在这样的情况下，不仅根本无法达成拜托熟人帮助在社交工具分享的原有目的，而且还会影响熟人的感受。所以如何有技巧地拜托熟人帮助分享就成了一个问题。

社交媒体经济学中有一个概念是社交货币，这是一个用来衡量用户究竟愿意在社交工具中分享什么内容的概念。社交工具中的分享是一个非常私人的行为，用户往往认为他的分享体现了其思想与品位，所以在他人要求帮忙转发的时候会认为是强加给自己的一个思想，于是就不愿意做出这样的行为，在这样的情况下必须树立一个良好的熟人社交关系才能扭转这种思维。

1. 建立互助关系

在社交过程中，一味地要求对方帮你做什么，很快就会招致对方的厌烦，但是如果建立了一个良好的互助关系，就会形成一个良性循环。想要建立这种关系，首先就要做到当熟人求助的时候，如果不是非分要求并且在能力范围之内时，应该积极给予帮助。在得到你的帮助后，该熟人就会对你产生歉疚感，并且还会抱有补偿心理。等到你拜托其帮忙在社交工具中分享短视频作品时，对方自然乐意而为，还会主动帮你在朋友圈内进行宣传，达到良好的分享结果。

2. 控制求助频率

在拜托熟人帮助分享短视频的时候要注意控制频率，这件事不能成为你与熟人之间的主要交流内容。如果平时与熟人很少交流，甚至是不交流，突然找其帮忙分享，一次两次对方会念在之前建立的情谊上给予帮助，但是长此以往对方会觉得你是在利用他，不仅以后不会再帮助分享，甚至还会破坏与熟人之间的关系。

3. 选取有兴趣的熟人

拜托熟人帮助分享短视频去社交圈的时候，熟人其实就是最初的用户。所以在选取熟人的时候，就如同选取第一批用户一样，尽量选取需求导向一致的。当熟人本身对于短视频产生兴趣的时候，就意味着该短视频是符合他的思想、品位的，他自然而然地就会主动选择分享该短视频，并配上真心实意的高评价，这样才能达到最好的分享效果，如图7-6所示。

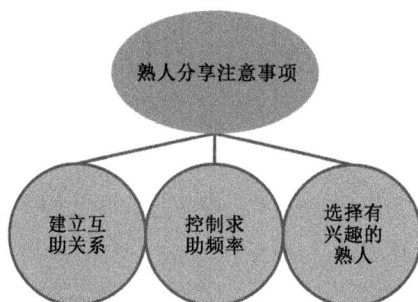

图7-6　熟人分享注意事项

拜托熟人对短视频进行社交工具分享，是一个信息传播的过程。当熟人的熟人看到并且产生兴趣后，会再次分享到自己的社交圈中，而他的熟人中也会有人做出同样的行为，依此类推。通过这种信息的不断传递，短视频的传播范围就越来越广，辐射用户群体也在不断扩大，从而能够更大范围地获取第一批用户。

7.2.4　社会化媒体互动转发

社会化媒体种类繁多，是一个复杂的媒体合集，如图7-7所示。社会化媒体指的是一种给予用户极大参与空间的新型在线媒体，是植根于用户之间的交流、分享、传播的社交网络平台，是给予了用户一定空间和可支配度的在线媒体。社会化媒体的出现改变了用户固有的娱乐方式，在营销过程当中用户的自发性作用也愈加突出。

社会化媒体类型	国外典型代表	国内典型代表
社交网络	Facebook	开心网、人人网
商务社交网络	LinkedIN	优士网、若邻网
微博	Twitter	新浪微博、腾讯微博
视频分享	YouTube	优酷、土豆网
社会化电子商务	Groupon	美团网、拉手网
签到/位置服务	Foursquare	街旁
即时通讯	MSN	QQ
RSS订阅	Google RSS	Baidu RSS
消费点评	Yelp	饭统网、大众点评
百科	WIKI	百度知道、互动百科
问答	Answers	知乎、天涯问答
社会化书签	Delicious	QQ书签
音乐/图片分享	Flickr	虾米网
博客	Blogger	新浪博客
论坛/论坛聚合	Big Boards	猫扑、百度贴吧
社交游戏	Zynga	开心农场

图 7-7　社会化媒体概览

社会化媒体互动转发，其实是一个通过社会化媒体进行短视频营销的过程。社会化媒体营销指的是利用社会化网络，在不同的社交网络平台上来进行营销，建立公共关系和针对用户服务进行维护开拓的一种方式。社会化媒体互动转发现在常常运用在微博等综合性社交网站当中，短视频团队通过这种方式可以提升作品的传播速度。

在进行这种营销前，首先要确定的就是营销的目的。概括来讲，对于一个短视频而言主要目的有两个：扩大影响力与增加播放量。这种影响力必须是正面的，只有正面的影响力才能塑造好的口碑，从而形成口碑效应。这种影响力的塑造还需要思考主体是什么，是要提高这一个短视频的影响力，还是要提高整个短视频团队的影响力？前者针对的是作品，后者针对的是人，为达成两种目的有不同的营销方法。想要通过社会化媒体互动转发提高播放量，要打造好该短视频的题目与介绍，必须第一时间吸引到目标用户的眼球。

张沫凡是微博上知名的一个"网红"博主，经常录一些穿搭类、美妆类短视频，分享自己的心得。她的"每周一穿搭"系列每一期上传都会得到很好的反响。她在 2015 年 10 月，发布了讲述自己失败爱情的短视频《失恋过吗》，该短视频被微博上很多知名的"大 V"账号转发，有很多网友纷纷在她的微博下讲述自己的故事，她也会选择有代表性的评论予以回复，完成互动。凭借这种社会化媒体的互动转发，她收获了超过 14 万次转发，"粉丝"也在 2015 年底达到了 200 万。

张沫凡的例子是一次成功的社会化媒体营销，她通过这种互动转发，大大提高了短视频的播放量。微博上失恋过的人数不胜数，他们中的每个人心里都有属于自己的故事，张沫凡以失恋作为切入角度，引起了用户的共鸣。同时，她还提高了自己的影响力，获取了大量的"粉丝"，为后来的穿搭、美妆类短视频的曝光度打下了坚实的基础。

在社交平台上进行社会化媒体营销，一定要有一个优秀的创意直指人心。而在过程中一旦造成了轰动，甚至是社交平台运营者发现了这个可以引爆话题的机会参与进来时，应该立刻乘胜追击，加大力度佐以其他营销方法对自己的短视频进行宣传，从而取得更大的胜利，引起更加轰动的讨论。

7.3 利益+习惯

能够获取利益对于用户总是具有很大的吸引力，短视频团队在早期获取用户的阶段，可以适当地给目标用户一些利益，从而驱动他们产生关注的兴趣。用户在被吸引而来之后，团队应该使用一定的方法，令用户养成习惯，增加其黏性。

7.3.1 发放小福利，实惠用户

发放小利益是吸引用户的一种很好的方法，虽然在前期需要一定的支出，但

是造成的影响较大，在短期内就可以获取到大量的用户，而且摊薄了获取一个用户的成本，同时给了目标用户一个关注你的契机。在发放这些小福利的时候也有不同的方法，可以根据短视频类型的不同和平台的不同来进行选择。

在微博上发布短视频的可以采用转发抽奖的形式。微博转发是一种很好的扩散信息的方法，一个用户转发了团队的短视频抽奖微博就意味着关注他的全部"粉丝"都有机会看到，而他们中看到的用户再度转发参与就可以再次令他的"粉丝"看到，从而大大增加了该短视频的曝光度，同时将这些人的"粉丝"转化成用户。papi 酱这类常驻微博的短视频博主经常使用这种方法，快速积累了人气，同时还获得了一个好的口碑。

这种发放小福利吸引用户的方法，是对代表性启发思维的一种利用。代表性启发思维指的是在做出一个行为的时候，会首先考虑到之前相同或者相似事件的已有经验，即以往出现的结果，然后再推理出结果。现在微博抽奖的博主数不胜数，用户的身边人总会有几个中奖的，这就会为用户带来一种"我也能中奖"的错觉，从而对转发抽奖这种行为抱有很大的期待度，愿意参与进来。

如果是在固定独立平台发布短视频的团队，可以采取点赞送礼物的方式，即选取评论中点赞数最高的几位用户送出小礼品。这种方式尤其适合一些发布美妆类或者商品测评类小视频的团队使用。这类短视频中出现的单品都可以成为最后送出的礼物，其价值大多不高，而且多为受用户群体欢迎的爆款，所以用户对于参加这个活动就会有极大的热情，为了能最终获得这份礼物，他们还会要求自己的亲朋好友来帮忙点赞，从而扩大了能够转化的用户群体的基数，吸引更多用户的到来。

7.3.2 坚持每日更新，培养用户习惯

每日更新短视频在一个短视频团队初期积累"粉丝"的阶段是必不可少的。每日更新短视频有利于在新手时期快速找准自己的定位。每一个短视频制作团队在新手时期都可能会走各种各样的弯路，每日更新短视频可以将这些弯路大大缩短，短视频想要火最重要的就是要找准一个发展的方向，每日更新可以保证在尝试不同短视频制作方向的同时在短期内积累大量的数据以进行分析。

每日更新短视频同时还可以快速地吸引大量的"粉丝"。现在是一个信息爆炸的时代，各种新鲜的网络事物层出不穷，淘汰速度也是一样的快，如果长时间不推出新的短视频的话，无疑是会被"粉丝"抛之脑后的。短视频的每日更新可以保证账号的活跃，避免被"粉丝"遗忘，真正在"粉丝"群体中站稳脚跟，获得一席之地。

坚持每日更新也是培养用户习惯的一种好的方法。培养习惯其实是神经科学领域所研究的，习惯并非是与生俱来的，其有一个自身的形成机制，而每日更新短视频恰好符合这种形成机制的构成。想要成功培养用户的习惯，就必须充分了解这个机制并且按照其步骤按部就班地进行下去。

1. 给予暗示，激发渴求

短视频团队保持每日更新，可以给予用户一定的暗示，尤其是在更新时间固定的时候，用户一旦到了时间就会想起短视频更新了，而之后当其觉得无聊时自然而然就会去观看了，这就将短视频与无聊时可以画上等号。用户每天也就都有了期待感，从而养成了每天都要去看的习惯。

给予用户暗示的同时，还要注意激发用户对短视频的渴求。网络上的同类短视频非常多，想要将用户牢牢地吸引在你这里，必须有独到之处。在短视频内容的编排上团队必须要注重创新，只有无可替代才不会被用户抛弃。在用户产生了渴求之后，短视频团队还必须继续保持每日更新才不会破坏这种感觉，令用户愿意长期关注。

2. 保证条件，方便执行

单单为用户激发了渴求还不足以令用户养成习惯，短视频团队还必须保证用户能够有遵从渴求去执行的条件。比如，如果团队总是在一般工薪阶层上班的点更新短视频，而当用户收到更新的提醒推送时，正因为工作忙得焦头烂额，那自然是分不出时间来看短视频了，等到他终于闲下来的时候，因为相隔时间太长，没准早就将短视频的事忘在脑后了。

所以短视频团队每日更新的时间最好选择用户方便观看的时候，比如，下班后或者晚饭后。大多数的用户目前还是选择公共交通，在拥挤的公交或者地铁里，用户原本被挤得心烦意乱，然而在此时收到了短视频更新的通知，刚好拿出来看一下来缓解憋闷的心情。在晚饭后也是同理，用户忙了一天终于可以休息了，刚好可以看短视频来放松一下。这样为用户制造了执行的条件，很容易就能养成其每天来看短视频的习惯。

3. 达成目标，给予奖励

在用户每天坚持来看短视频之后给予一定的奖励，可以有效活跃用户。这种奖励既可以是物质上的也可以是精神上的。物质上的比较简单，比如，每天坚持在新发的短视频下面评论，集齐多少天的评论，用户可以凭借截图换取礼品。这种方法比较直白，同时需要的成本也比较高，而且容易造成用户疲劳，不适宜长期使用。

给予用户的奖励同样可以是精神上的。这就需要短视频团队充分了解目标用户，他们最重要的心理需求是什么，然后在之后的短视频作品里通过情节的编排满足用户的这种心理需求，这就令用户产生了满足感，从中得到了精神上的奖励。这样就可以很轻易地令用户养成习惯了，如图 7-8 所示。

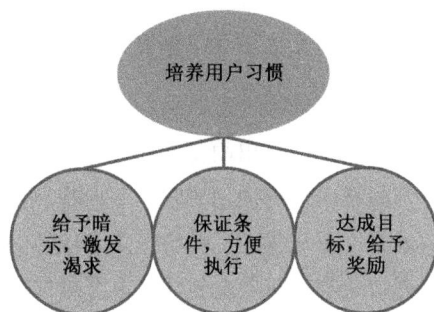

图 7-8　培养用户习惯的方法

坚持每日更新不仅仅是在培养用户的习惯，同时也是在培养短视频团队的一个习惯。每个短视频都需要一定的制作周期，保持每日更新虽然难度较大，但也不是不可能完成的。为了达成这个更新频率，必然会需要短视频团队耗费相当大的心血。当团队适应了每日更新的工作强度，养成习惯以后，制作效率比过去有了相当大的提高，这也为未来的工作发展打下了良好的基础。

7.3.3　回忆专用小马甲：小宠物黏住你

回忆专用小马甲（以下简称小马甲）是微博上一个知名的宠物博主。他的微博大多与萨摩耶"妞妞"和折耳猫"端午"有关。小马甲最初是该博主建来回忆前女友的，后来在养了妞妞之后逐渐在微博上拥有了一定的人气。而当他将端午接回了家，拥有了一猫一狗后，人气才逐渐到达了巅峰，截止到 2018 年 1 月，他已经拥有了超过 2900 万"粉丝"，如图 7-9 所示。

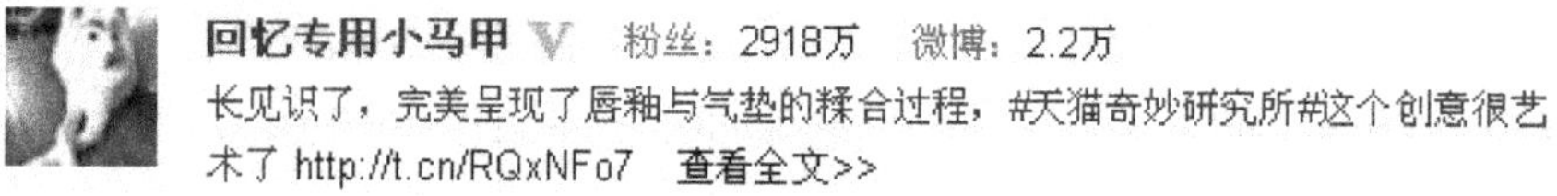

回忆专用小马甲 V　粉丝：2918万　微博：2.2万
长见识了，完美呈现了唇釉与气垫的糅合过程，#天猫奇妙研究所#这个创意很艺术了 http://t.cn/RQxNFo7　查看全文>>

图 7-9　回忆专用小马甲微博"粉丝"数

小马甲在最初能吸引到一批早期用户，主要是抓住了用户对小动物抱有爱心这一点。人喜爱小动物是其内心的一种真实的反映。他们可以在小动物身上寄托自己的情感，获得一定的慰藉，缓解自己的压力。而在现实生活中很多用户由于住房的原因或者身体的原因不能真的养猫养狗，小马甲这种时常会放出可爱猫狗照片的博主就成了这种用户的心灵寄托。同时他还经常在其他知名博主下面留言，进行社会化媒体互动，从而大大增添了曝光率。

微博上发布萌宠照片的博主数不胜数，小马甲能从中脱颖而出是因为他有其独特之处。小马甲不仅仅是单纯地放出萌宠的照片，还会为其增添背后的故事，这样就逐渐打造出了一个品牌，使得他的"粉丝"一提到萨摩耶就会想到妞妞，一提到折耳猫就会想到端午。小马甲的"粉丝"多为年轻的女性，针对这部分用户群体，他还会时不时更新一些对前女友的回忆以及对情感的体悟，这些内容恰好是年轻女性心理所需求的，这种方法大大增加了"粉丝"的黏性。

小马甲的微博更新频繁，最高频率的时候一天能够有五六条之多，如此高的更新频率令他的"粉丝"养成了习惯，每天都要去他的微博看看妞妞和端午怎么样了，提高了"粉丝"的活跃度。等到后期"粉丝"热情逐渐褪去的时候，他又开始每天在微博上发布一些关于萌宠的短视频，重新引起"粉丝"的兴趣，保证了热度。

小马甲的成功案例可以体现出短视频团队在初期进行网络营销时需要使用的种种方法，具有很强的代表性。小马甲在初期获取第一批"粉丝"的时候，经常去热门微博下面留言，和其他"大 V"博主互动，以社会化媒体互动转发的形式获得用户的关注。他还经常发布有关热点话题的作品，快速提升热度。

第 8 章

如何持续活跃用户

在成功获取了第一批用户之后，如何将他们转化为活跃用户，将这些用户真正留下，也是至关重要的一个问题。只有真正活跃的用户，才会时不时地前来关注短视频及团队，这一部分用户才能为短视频团队带来价值。活跃用户由新增用户和老用户两部分组成，吸引更多新用户的同时还要维系好老用户，只有这样才能保持用户的持续性增长。

8.1 传递价值：有料、有趣

想要持续活跃用户，短视频团队制作的作品必须传递正向的价值观。内容要有营养，可以令用户在观看过后得到一定的养分。仅仅有深刻含义还不够，想要得到好的效果，该短视频同时还要有一定的趣味性，这样寓教于乐才能真正打动用户。

8.1.1 持续输出走心真实的短视频

想要牢牢笼络住老用户的同时积极吸取新的用户，短视频团队需要保持一个较高的更新频率。高频率更新的同时最好还要定时更新，这样便于培养出用户的习惯，增加用户的黏性。一味地为了保持高频率更新而忽略短视频的内容质量是不可取的，只有走心真实的高质量短视频才能获得用户的青睐。

万合天宜作为一个 2012 年成立的新媒视影视公司，推出了《万万没想到》《报告老板》等系列短视频，截止到 2018 年 1 月，其点击量已经突破了 20 亿。《万万没想到》《报告老板》这两个系列的短视频，都是采取每期一个新主题、每周定时更新的方式，从而做到始终保持用户的活跃度。

万合天宜的短视频作品内容虽然多以搞笑为主，但是在内容的编排上体现了主创团队的真实想法，真情实感地做出了打动人心的短视频优秀作品。以图 8-1 为例，《最强选秀王》是《万万没想到》第一季中的一期，仅在 B 站上就获得了 302 万的播放量。作为万合天宜早期的作品，在当时尚未积累起太多活跃用户的时期，能取得如此好的成绩，自然是有其独到之处的。

万万没想到 第10集 《最强选秀王》

▶ 302.7万 ⏱ 2013-10-15
🏷 万合天宜

图 8-1　最强选秀王

2013 年是选秀节目频出的一年，唱歌、跳舞、演讲等各种技能相关的选秀节目层出不穷，吸引了大批的观众。万合天宜选取这个主题，迎合了当时的社会热点，很快就获得了一定的热度。在《最强选秀王》中，万合天宜没有以各个主人公有什么绝活来作为主要内容，而是另辟蹊径，表现了当时观众极为不满的一个现象——"卖惨"。

"卖惨"指的是利用自己的惨状博得他人同情，然后从中获得利益的一种行为。过去的选秀节目当中，有一些选手由于自身的悲惨遭遇获得了评委的同情，得到了更多的鼓励。一些想要走捷径的心怀不轨的选手就从中看到了机会，开始编造自己的惨状，欺骗评委与观众。随着这样的选手越来越多，许多节目被搞得乌烟瘴气，观众对于这种现象也越来越不满。

《最强选秀王》就是在这样一个背景下制作完成的。这个短视频以非常荒诞的方式表现了几个选手不合逻辑的故意"卖惨"，而评委出于各种考量，不仅没有揭穿还假装被感动，夸大而搞笑地表现出了当时的社会现象。并且借主人公之口说出了用户心中对于这种现实的真实感官与评价，获得了用户的认可。而某些之前没有注意到这种现象的用户，也会在观看之后引起思考。

万合天宜的大多数短视频作品都是如此，以当时的热点话题作为背景创作出脚本，然后令演员以搞笑的方式表演出来。用户在观看过这些分外真实的内容后，哈哈一笑的同时还会引发自己的深思，从而体会到了制作团队的用心，自然而然地就产生了认同感，在无形中将这些用户转化成了活跃用户。

短视频团队想要做出真实走心的短视频作品，一方面要关注当下的热点话题，找到独特的切入点，创新地表现出热点现象背后所隐含的真实意义；另一方面也要关注目标用户的需求，从他们的想法出发，打造出一个既内容用心又观点动人的优秀作品，这样才能做到持续活跃用户。

8.1.2　视频内容接地气，引发用户共鸣

为了在众多的短视频作品中突出重围，引起用户的关注，现在很多短视频团队都开始了短视频创新之路。每个团队的尝试方向各有不同，而真正被广大用户关注的团队，他们的作品都有着相同的特点——可以真正地打动用户，引起用户的思考，引发用户的共鸣。

以现在热度最高的短视频制作者 papi 酱为例，如图 8-2 所示，她能获得高播放量的短视频都有一个相同的特点，那就是内容接地气。这些短视频都是选取用户与其身边人在生活中一定曾经遇到过的事情或者听到的话，在观看时就会令用户产生共鸣，甚至还会因此将该短视频推荐给身边的亲朋。通过这样的方式，papi酱既抓住了老用户，又吸引到了新用户，真正做到了持续活跃用户。

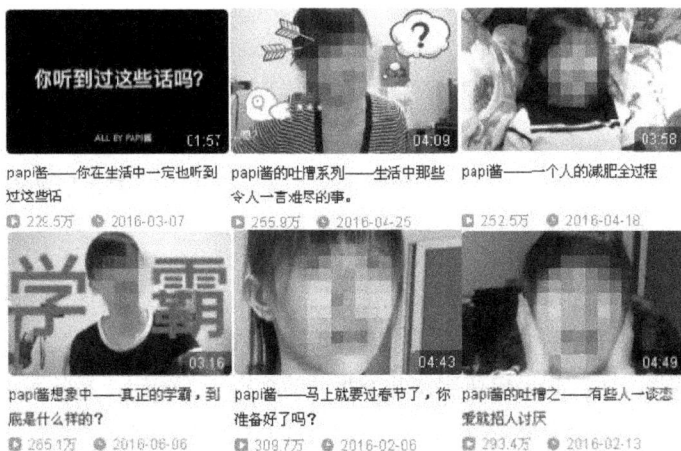

图 8-2　papi 酱的高热度视频

接地气的内容是一个有趣又有料的短视频所必不可少的。而什么样的内容才算是接地气的内容，是一个需要深思的问题。不是所有世俗的内容都接地气，也不是所有高雅的内容都不接地气，一个好的短视频内容应该做到雅俗共赏。真正的接地气是要广泛地反映出用户最普通的生活，让他们有代入感，感觉这个短视频表现出的就是他们真实的生活。想要做到这一点，不同方向的短视频团队虽然需要不同的方法，但是其中本质的道理是共通的。

1. 反映用户需求

想要短视频内容接地气，就要切实反映用户的普通生活。普通生活涵盖了方方面面，在一个短视频中不可能每一处都体现出来，必须要选择最具代表性的部分。在内容确定下来之后，还要选取适当的观点。对于一件事，每个人都可能有不同的看法，这些看法一般可以归为几类，每一类看法都有其出发点，一类看法是正确的并不意味着剩下的看法是错误的。

团队要在这些看法中选取出一个在短视频中表现，其依据必须是目标用户的需求。不同的用户由于性别、年龄、地域以及受教育情况等不同，对于同一件事必然抱有不同的看法。短视频想要活跃用户，必须抓住目标用户的心声，才能引起他们的共鸣。如果仅参考团队的意见来完成作品，很可能与用户的需求背道而驰，难以做到真正的接地气。

2. 结合当下热点

热点话题是有时效性的，相同的一个话题不一定在任何时间点都能引起用户的共鸣。比如，一个以"吐槽"亲戚令人反感的题材为主要内容的短视频，一定是在过年前后才能引起最广泛的认同。这是由于只有在这样特定的时期里，用户才会因为事件即将发生或者刚刚结束而感到焦躁，从而被短视频的内容引起共鸣。

对于这种每年会在固定时间引发热议的内容，短视频团队有较长的时间来进行准备。除此之外，更多的热点话题是突然产生的。这一类热点发生速度快，得到的关注度高，团队如果想要制作此类相关的短视频，一定要高效率地完成。因为用户对于此类话题的关注度在其成为热点的时候达到最高，然后就会逐渐降低。团队如果制作速度慢，晚于讨论度最高时期发出，很难引起用户的关注。

8.1.3　百威科罗纳：亲爱的，好久不见

"亲爱的，好久不见"是 2017 年初在朋友圈被疯狂转载的一部短视频。它讲的是"吴安良"即吴维纯、安来宁、左明良这三个都会弹吉他写歌的人平日里在上海的各个角落里努力奋斗，当 2017 年的新年来临的时刻，他们又得以重聚，一起重温老友情，共饮百威科罗纳的故事。宣传图片如图 8-3 所示。

图 8-3　亲爱的，好久不见

从故事的叙述来看，似乎只是一个讲述普通的、温暖人心的故事的短视频。但其实，它却是百威科罗纳的一次成功的短视频营销。百威科罗纳是一款深受大家喜欢的啤酒，它的用户群体非常广泛，并不局限于某一个年龄阶段，只要是会喝酒的人就可以成为其用户，由于这一特性，百威科罗纳想要持续活跃用户就需要投入相当大的精力。

百威科罗纳对于短视频内容的选择可谓是别出心裁，摒弃了往常惯用的以球赛或者酒吧等为背景的方法，采用了"友谊"这个特殊的短视频主题，巧妙地将各个年龄层次的用户串联到了一起。不论用户属于哪一个年龄层，都会有几个感情很好但是因为工作生活变得不再那么经常相聚的朋友。

"友谊"是一个容易引起用户回忆的话题。百威科罗纳的这一则短视频并不是采用编造一个故事的方法，而是将现实的生活搬上了荧幕，没有经过艺术加工的短视频作品更加真实，与用户的普通生活的重合度也更高，产生的反响也就更强烈。百威科罗纳的这一决定既针对老用户又针对新用户，受众群体广泛。

在这样一个关于友谊的短视频里，将百威科罗纳巧妙地作为老朋友相聚时刻的饮品植入其中，提出"就为这一刻"的广告概念，就会令观众产生一种联想，一想到要和老友重聚，就会想到百威科罗纳，而等到真正和老友重聚的时候，就会自然而然地选择百威科罗纳作为饮品了。

百威科罗纳短视频营销的成功，体现了短视频营销中内容要真实有趣、直指人心的重要性。一个好的短视频主题可以让观众产生新鲜感与共鸣感，从而激发起观众的购买欲望。这样精准地制作短视频，比起其他同类的短视频营销能取得更好的效果。

当短视频团队在内容选取上找不准方向的时候，不妨从现实生活中找找灵感。一部好的短视频作品往往就是源于一个富有新意的灵感，只是从其他短视频中学习经验的话只会拾人牙慧，丢失自己的特色。艺术源于生活，短视频虽然形式简单，但是同样是艺术的一种，想要获得用户的认可，必须回归到最本质的生活当中，就如同百威科罗纳的这次尝试一样。

8.2　充分互动：营造归属感

短视频团队想要留住用户并使其活跃，互动是绝对不能少的。用户对于自己喜欢的短视频团队，天然地带有一种认同感及崇拜感，在发出评论并且得到该团队的回应后，用户的这种感情会得到极大的满足，从而产生归属感。这就是为什么许多"网红"短视频团队都存在大量的死忠用户。

8.2.1　关注用户需求，及时参与回复

用户的需求，是短视频团队必须加以重视的。只有满足了目标用户的需求，才能被其认同。马斯洛需求层次模型将人们的需求归纳为五类：生理需求、安全需求、社会需求、尊重需求和自我实现需求，短视频团队想要抓住用户的"痛点"，就要满足用户的这五类需求。从这五个角度出发，通过用户调研、竞品分析、数据采集等多种方法加以分析，在筛选掉不合理的用户需求后挖掘出用户的"真实需求"。

在确定了用户的"真实需求"后，短视频团队就可以根据其数据来制订短视频的制作方案了，然后根据需求持续活跃用户，进而将其转化形成"粉丝"用户。"粉丝"用户是对产品需求最迫切、认同度最高的用户，这部分用户是最容易被打动的。一个短视频不可能做到面面俱到，所以筛选受众也就成了一个成功的短视频团队必备的技能。

与"粉丝"用户的互动是一个将其对短视频的喜爱逐渐转移到对短视频团队的喜爱的过程。最优先做到的就是要回复用户的评论。用户在评论的时候一定是抱有期待的，这种期待别人回复的心理其实就是一种希望被关注的心理，在成功得到回复后会产生一种自尊心被满足的感觉。所以短视频团队对于用户的评论应该尽可能地回复，这样才能将用户转化为活跃用户。

短视频团队对于用户评论的回复必须要及时。每个人在发出评论时对于回复的期待值是最高的，然后随着时间的流逝这种期待值将逐渐降低，所以想要让用户的需求得到最大的心理上的满足就必须在最短的时间内进行回复。当评论过多难以逐一回复的时候，短视频团队还可以选取具有代表性的问题专门制作一期短视频用来回答，这样也能起到非常好的效果。

在短视频团队回复一名用户评论的时候，其他用户也会看到，他们中的一部分也会在团队这种行为的鼓励下开始进行回复，从而形成一个良性循环。及时获取并回复用户的评论有利于拉近和用户之间的关系，让用户感觉到团队和他之间的距离是很亲近的，从而能够更好地和用户之间沟通，建立稳定的往来模式。

8.2.2　推出用户参与制作的话题和活动

让用户参与到短视频的创作当中可以大大拉近短视频团队与用户之间的距离。而且在短视频制作完毕之后参与到其中的用户还会持续关注该短视频的发展情况，因为这其中含有他们的一部分心血。而如何才能让用户参与到其中就是短视频团队需要考虑的了，以下几种都是短视频领域内常见的用户参与方法。

1. 话题征集

每个短视频团队在长期制作短视频的过程中，难免都会遇到瓶颈期，不知道该做些什么新内容比较好。在这种时候不妨发起一个活动，让用户评论他们想看到什么。这样的方法一方面使用户表达出自己的感想，让团队了解其需求，再根据该需求来调整未来的短视频方向；另一方面也让用户在表达自我的过程中产生参与感，让用户感觉自己成了团队中的一部分。

同道大叔在制作《大叔吐槽星座》的时候，经常发布一些主题为"你与某某星座发生过哪些有趣的事"的微博。从微博评论中选取出最有代表性的事例作为以后短视频作品的话题。当评论的用户未来看到这期短视频的时候，必然会感到非常亲切，对于这个系列的短视频作品也会产生不一样的感情。

2. 短视频征集

一个短视频团队的力量是有限的，对于同一个主题不可能做出太多种不同方案的短视频，而向用户征集短视频后再进行筛选则可以涵盖普通人会真实发生的各种可能性。这种可以让用户参与进来的短视频形式可以大大提升用户的热情。

《吉米鸡毛秀》（以下简称《鸡毛秀》）是美国 ABC 的一档深夜脱口秀节目，如图 8-4 所示。作为一个老牌的脱口秀节目，自 2011 年起，每一年的万圣节，主持人吉米都会发起一个"告诉你的孩子，吉米让你吃光了他的糖果"的主题活动，要求家长将孩子听到后的反应拍成短视频上传，然后节目组再从其中选取出最有趣的剪辑到一起播放出来。

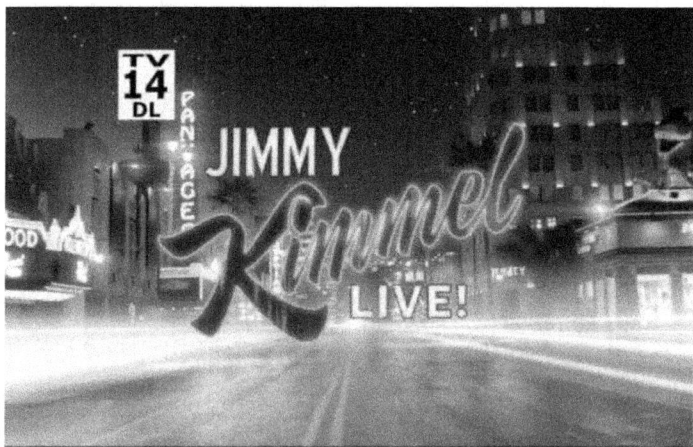

图 8-4　吉米鸡毛秀

万圣节是美国的一个传统节日，每到这一天，小孩就会打扮成各种样子挨家挨户地要糖果，这些糖果对于他们而言都是辛苦了一个晚上得来的最珍贵的东西。一觉醒来得知家长把糖果吃掉了以后可想而知会是什么反应，哭闹发脾气都不会在意料之外。但是同样存在一些孩子会轻易地原谅家长，让观众看到了另一种可能。

吉米通过这个短视频征集活动，很大程度上达到了宣传《鸡毛秀》的效果。而这些参与到其中的家长，就转化成了活跃用户。节目在播出之后，他们必然会把相关的节目片段再转发给其他认识的人观看，从而形成二次传播，使得传播范围不断扩大，吸引到更多的观众前来观看节目，提高收视率与关注度。

短视频团队同样可以采取相同的方法，选取更贴近国内普通人生活的主题，发出征集活动，有兴趣的用户在看到该活动后自然会参与其中。在用户的参与过程中，自然地提高了短视频团队在其心中的地位。在团队位置提高以后，用户与团队之间的互动也就会变得更加频繁，同时带动其他用户，一起活跃起来。

3. 抛出争议话题

有争议才会有话题，争议话题指的是从多个角度解读都有其道理的一种话题。在短视频抛出一个争议话题后，必然会引起用户的思考。当在评论区看到与自己不同的看法时，用户自然地就会进行回复讨论，从而提高短视频的热度，吸引来更多的用户参与其中，进行讨论。

"阅后即瞎"是一个以独特方式讲解电影的短视频团队，在 2018 年 1 月制作了一个关于影片《迫在眉睫》的短视频。如图 8-5 所示，阅后即瞎团队以诙谐的方法描述了这部电影的内容，这是这个团队的惯例，每一部电影解说的标题都会用夸张或者恶搞的方式来重新诠释原电影，让用户感到轻松有趣。

【阅后即瞎】厌倦了抢银行之后，我们决定抢个医院

主页 ＞ 影视 ＞ 影视杂谈　　　2018-01-08 22:30　　　稿件投诉

▷ 77.0万　　　▤ 8595　　　⑪ 硬币 5.2万　　　☆ 收藏 5691

图 8-5 《迫在眉睫》电影解说

《迫在眉睫》讲述了这样一个故事：一个穷苦的黑人父亲在儿子得了心脏病却得不到救治的情况下，迫不得已选择抢劫医院，逼迫医生给他的儿子进行换心

手术。最终在媒体直播解救医院的过程中，大家都被这位父亲对儿子的爱所感动，医院最终答应了为其儿子实施手术。但是由于没有心脏源，父亲打算自杀将自己的心脏给儿子。就在这千钧一发之际，终于传来了找到合适心脏的好消息。最后父亲服刑，儿子恢复了健康。

这是一期非常感人的电影解说，然而"阅后即瞎"团队却在短视频的最后提出了一个问题："最终是爱解决了问题，还是暴力解决了问题？"这个问题令所有看过电影以及看过解说的用户展开了讨论，他们以不同的角度分别阐述自己的看法，完成了一次非常好的短视频团队与用户之间的互动。

8.2.3　为忠实用户提供高附加价值

忠实用户对于商家而言是价值最高的那一部分用户。忠实用户是随着商家不断调整运营方向一步步最终筛选出来的用户，这一部分用户不易流失，而且愿意为产品花费资金，是商家应该重点挽留的对象。对于忠实用户而言，商家在原有商品的基础上提供高附加价值是一种非常有效的活跃方法。

高附加价值对于忠实用户而言会给其一种专属感，从而对商家产生归属感。在通过短视频这种方式进行运营的时候，高附加价值不再仅仅指的是用户物质上可以得到的好处，还可以延伸到心理层面上。

为忠实用户提供实体的高附加价值在实际操作过程中比较容易。作为忠实用户，商家发布的每一个短视频用户一定都会观看，可以在短视频过程中或者最末尾处剪辑促销、折扣或者抽奖等相关内容，并且标注只有满足了什么条件的忠实用户才可以参加。这样一方面让忠实用户得到了高附加价值，另一方面也给了新用户转化为忠实用户的动力，充分活跃了用户。

除了物质上的高附加价值以外，心理层面上的附加价值同样也应该得到商家的重视。心理层面上的高附加价值分为品牌属性的以及娱乐属性的，想要从这两种属性的角度为忠实用户提供高附加价值需要采取不同的方法。

1. 品牌属性高附加价值

品牌属性指的是一个品牌首先给人带来的特定属性。如今社会将他人标签化的情况屡见不鲜，用户在选择品牌的时候也同样将这个品牌标签化了，也就是所谓的品牌属性。用户之所以能够成为忠实用户，就代表着他认为这个品牌的属性与自身的定位是相同的，商家在制作短视频的时候可以突出这种品牌属性，让忠实用户感到被认同，从而得到心理上的高附加价值。

2. 娱乐属性高附加价值

商家制作的短视频往往都是带有娱乐属性的。轻松搞笑的短视频氛围更容易让用户接受商家想要传递的事情。在这种情况下，想让忠实用户从本就充满娱乐属性的短视频中获得专属的高附加价值，商家就需要对其量身定制了。

忠实用户的一大特点就是喜欢的时间长，对事情了解得全面。所以商家在制作短视频的时候可以适当地加入一些"老梗"，即只有忠实用户才能理解的搞笑点。这样在新用户评论询问某些内容是什么含义的时候，忠实用户可以通过解答科普而获得一种成就感，感受到自己的一种优势，从而对品牌产生更强烈的归属感。

高附加价值对于忠实用户而言是锦上添花的内容。商家想要使用户对其产生归属感，首先还是要做好产品本身。只有好的产品才能吸引来更多的用户。高附加价值是使忠实用户产生归属感的一种手段，但绝不是决定性因素。

8.2.4　马自达"回家，你怕了吗？""双微"互动"吐槽"

"回家，你怕了吗？"是一汽马自达在 2017 年初拍摄的一部以回家过年为主题的短视频。在这部短视频当中，体现了不同年龄不同职业的人新年在哪儿过年这一情况，引发了用户的共鸣。并且马自达还在微博、微信上发起了"在哪儿过年"的话题讨论，引起了网友纷纷"吐槽"自己过年的真实情况，如图 8-6 所示。

马自达的这次短视频营销活动借助了"春节"这个可以令全部中国人都有话可说的热点话题，再加上微博、微信两大平台共同互动，可谓是大大赚足了讨论度。"春节"这个节日对于每个中国人而言都有着不一样的意义。每个用户关于过年都有着属于自己的独特回忆。就如同短视频中所说："不管在哪过年，都要过自己的年。"

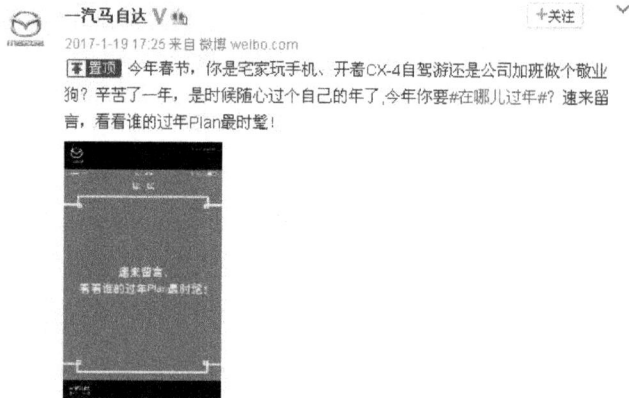

图 8-6　马自达"在哪儿过年"

短视频一开始选择了春运的场景，非常真实。许多人在回家过年的时候都经历过春运时拥挤的火车站与一望无尽的人群，就算没有亲身经历，也在电视中看到过。这种贴近普通人生活的接地气内容，会引起广大用户的共鸣，为之后的微博、微信互动活动打下了坚实的基础。

商家与用户之间在"双微"平台上进行互动的例子早已数不胜数了，而像马自达这种发起的话题与自己产品完全没有任何关系的却并不多见。一个通过"双微"平台与短视频来进行产品营销，却没有在平台上提到自己产品的营销活动真的能够起到好的作用吗？我们来看一些数据，如图 8-7 所示。

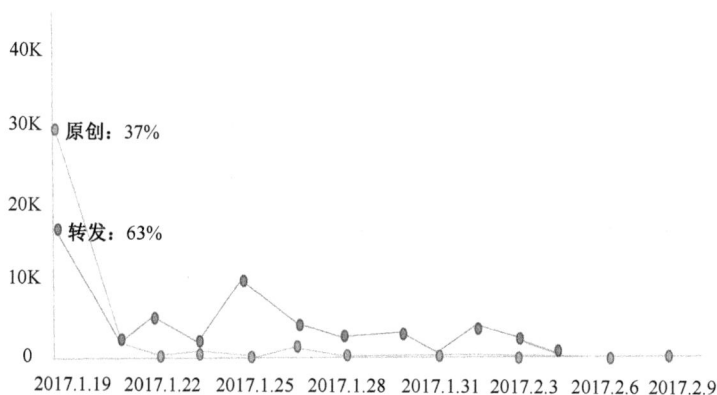

图 8-7　"去哪儿过年"微博数据

　　由图 8-7 的折线图可以看出，在 2017 年 1 月 19 日，"去哪儿过年"这一话题推出的当天讨论度达到了最高点。此后在过年回家以及返程的时候又分别到达了一个小高峰。这表现出用户对于这个话题的讨论，在春运往返的过程中是最有兴趣的，与短视频当中的情景相符，体现出了短视频内容的真实性。

　　图 8-8 是马自达的微博热议指数，从其中可以看出，自 2017 年 1 月 22 日开始，马自达在微博的热度不断上升，直到 2017 年 1 月 29 日才恢复平时的状态。而在 2017 年 2 月 5 日之前，马自达的热度又迎来了一个小高峰。马自达的微博热议指数的变化与"去哪儿过年"这一话题讨论热度的变化是相同的，这表明了"去哪儿过年"这一话题虽然看似与其无关，但是由于是马自达发起的，所以同样为其带来了正面的影响。

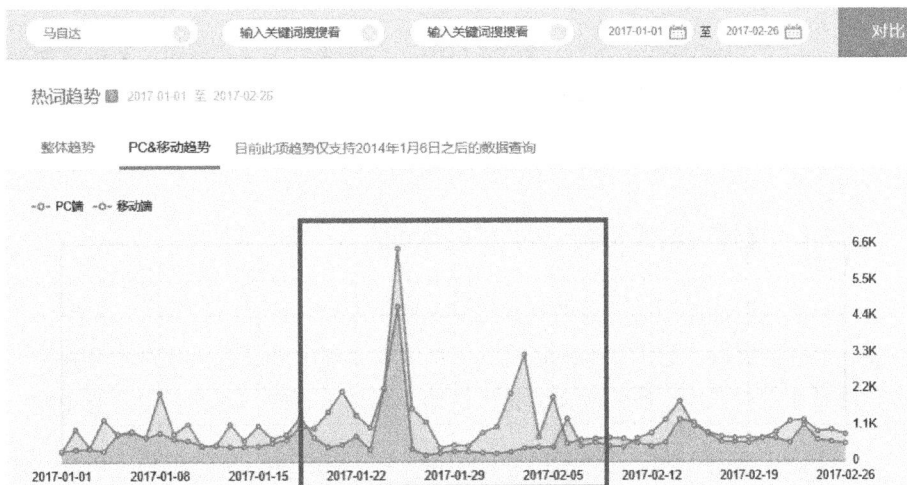

图 8-8　马自达热议指数

　　新媒体营销时代已经与传统的营销完全不同了，想要宣传一个品牌不再意味着必须为这个品牌的产品本身打广告，从其他角度选取热门话题，引发社交平台讨论一样可以对品牌有积极的影响。一汽马自达的营销重点是其当时将要推出的两款新车"未来派轿跑阿特兹"与"马自达旗舰 CX-4"。在经过这次的短视频以及"去哪儿过年"话题营销之后，马自达吸引到了用户极高的关注度，在此之后发布的新产品自然而然地就会同样得到这些用户的关注，达到了一汽马自达此次营销的目的。

马自达这次营销能够成功，首先是因为短视频真实地表现出了普通用户过年时的场景，令这些用户产生了共鸣，从而为其后推出的"双微"话题讨论活动做出了良好的铺垫。而"双微"话题讨论依旧选取的是普通用户最有感触的"去哪儿过年"，令每一个用户都能够参与其中，产生互动，引发了高热度讨论。最后话题的高热度又持续到了一汽马自达推出的新款车的发布上，成功达到了营销产品的目的。这样一环扣一环，紧贴用户心理，真正做到了持续活跃用户，达到了预期营销效果。

8.3　打造专属的短视频生态圈

在获取了一批用户后，短视频团队想要长时间吸引住这些用户，不仅仅要继续创作优秀的短视频作品，还需要与其建立稳定的感情联系，形成一个短视频生态圈，使其产生归属感。本小节就来阐述一下打造专属短视频生态圈的方法。

8.3.1　视频内容保持统一的风格和水准

用户之所以能被团队之前的短视频作品吸引而来，是因为那些短视频作品能够满足他们的需求，用户对那些短视频的内容有兴趣。所以短视频内容保持统一的风格是非常重要的。统一的风格可以令用户更好地适应，使用户量较为稳定。

一个短视频团队想要在之后的制作中保持统一的风格，首先需要了解自己究竟是什么风格。如果是搞笑类的短视频，最好一直能保持喜剧成分，不要突然改变走煽情路线；如果之前是较为严肃的正剧向短视频，也不要突然改变风格进行搞笑。这是因为短视频的风格是由团队在初期对于目标用户的需求进行调研过后确立下来的，后期吸引而来的用户也是在这个基础上的，如果贸然改变风格，用户最开始可能会因为情感因素而表示支持，但是长期下去必然会因为与其需求不相符而离开，最终造成大量用户流失的局面。

如图 8-9 所示，以小罗恶搞为例。小罗恶搞是由著名"网红"罗睿制作的一个短视频系列故事，每一期都是由其团队在街头选择群众，围绕着不同的主题进行恶搞。这种短视频模式之前在国外已经有了很多团队在制作，但是在国内却尚未形成模式，小罗恶搞团队的出现填补了这一空白。许多之前喜爱国外街头恶搞短视频的用户就被吸引而来。小罗恶搞也很快取得了一定的知名度。在这样的情况下，如果小罗恶搞贸然改变短视频风格，这一部分用户必然会感到失望，然后离开。

图 8-9　小罗恶搞

有些短视频团队认为长期制作同类的短视频会令用户审美疲劳，于是就开始寻求改变的道路。推陈出新固然是好的，但是这不意味着要改变短视频的风格。推陈出新的"新"是对短视频内容的创新。在保证原有风格的基础上，遵循着用户的喜好需求，对内容不断进行创新，是短视频团队可以经久不衰、长期保持热度的风险最小、效果最好的方法。

除了风格以外，水准的保持也是短视频团队需要注意的。短视频的质量是决定其能否长期笼络人气的重要因素。短视频团队的组建有两种情形，一种是网友无意间拍摄一个短视频并上传后意外走红，于是该网友决定组建一个团队专门进行短视频拍摄制作；另一种是团队的领导者在组建之前就已经有了一个计划，然后根据这个计划挑选成员，制作短视频作品再上传。

这两种情形都非常常见。前者由于是意外走红，所以最初的短视频只是随手拍摄，大多质量不佳。在这种情况下，团队如果想要得到可持续的发展，就必须在之后的短视频制作过程中注意质量，不断提高水准，不能满足于现状。只有短视频的水准提高了，才能获得更大的受众群体。

后者由于第一个短视频作品必然是精心策划制作的，其水准是当时团队的最高值，之后的短视频往往会多多少少有所下滑。这对于短视频团队的发展是非常不利的。就以美剧为例，大多数的美剧都是边播边放的，电视台在购买的时候往往会先买前几集，然后根据收视率以及观众的反馈来决定是否续订。美剧拍摄方为了能成功卖出，通常会将大部分经费花在这前几集，而后面的内容由于经费不足，在拍摄时就需要尽量从简。由于这样的原因，有许多美剧在播放的后期会出现收视率下滑的情况。

短视频也是同理。最初的短视频质量较高，会令用户产生期待感，在心中设下一个判断标准。如果后面的短视频作品达不到这个标准，用户就会认为其是不合格的，从而心中产生落差感，导致用户流失。短视频团队在制作的时候一定要保持水准，即使是为了赶上热点话题仓促完成的，也不能为了热度而牺牲质量。

8.3.2 用情感驱动和连接用户

从情感科学上来讲，情感驱动对于用户的决定会起到很大的影响。情感科学是一种研究感情或感动的科学，情感驱动对于用户的影响就在其研究领域内。每个人的情感都是十分复杂的，无论是正面情感还是负面情感，都会驱使其做出相应决定。想要持续活跃用户就必须保证用户对短视频团队具有正面的情感。

短视频团队在用情感驱动用户的时候应该保持一种不确定感。面对不确定的情况，大多数用户都会产生一种探寻的欲望。在这种欲望的驱动下，用户就会持续对短视频团队保持关注。

以回忆专用小马甲（以下简称小马甲）为例，众所周知，小马甲在网络上是从来没有正面出现过的，即便是参加晚会、采访，他也戴着口罩拒绝全脸出镜。在这样的情况下，他的"粉丝"就越发好奇他究竟长什么样子了，是帅是丑，还是只是个普通的路人？这种不确定感给他的"粉丝"带来了一种探知欲，在微博上还掀起了讨论小马甲究竟长什么样子的讨论浪潮，有的"粉丝"甚至说可以凭狗认人，找到妞妞也就找到小马甲了。

这种猜测小马甲样貌的讨论固然只是"粉丝"之间的一个玩笑，但是对于小马甲而言，确实带来了极高的讨论度。这也是保持不确定感的一个优点。当用户感到不确定的时候，用户之间自然会产生讨论乃至争论，在这样的情况下还会吸引到越来越多的用户参与其中，短视频团队就能通过这种方法保持话题度。

如图8-10所示，B站上的这种福袋开箱类短视频能够得到不错的播放量，也是利用了用户的这种心理。福袋是商家的一种新型促销模式，在下单页面中没有购买者能够买到什么的具体标注，只是划分了类别，在东西寄到打开前，买到的东西究竟能否令其满意也是未知的。由于这种神秘色彩，用户和短视频制作者在开箱前都保持着一种不确定心理，所以用户在观看时就自然而然地产生了一种刺激的感觉。

图 8-10　开箱类短视频

短视频团队想要用户能够稳定，同样也需要与其产生情感的连接。情感连接可以将团队与用户之间这种一对多的群体性关系转化为私人关系，让其之间的联系更为牢固，从而用户便不易流失。下面就为如何与用户之间产生情感连接提供几个好的方法。

1. 使用专属昵称

在娱乐圈中，明星的"粉丝"团体都有独特的称谓，明星本人在提起"粉丝"的时候也会亲昵地称呼该称谓。于是"粉丝"便觉得自己与其他明星的"粉丝"是不同的，也就产生了归属感。短视频团队也可以借鉴这个方法，为自己的用户选取一个专属昵称。

短视频团队在选择昵称的时候必须有其特色。有特色的昵称才有辨识度，这样才能令用户有专属感。当用户有了和短视频团队是一个群体的意识之后，就能够被转化为忠实用户，为团队的发展带来极大的好处。

2. 回复私人信息

有很多用户都会选择私信的方式与自己喜爱的团队分享一些小事。用户在做出这种行为的时候大多只是单方面地分享，没有得到回应的期盼，所以如果短视频团队对这些私人信息进行了回复就会令该用户感到惊喜，在交谈过程中也会不断加深双方的联系。

团队还可以在争取用户同意后将两人的对话转出到公共平台上，该短视频团队的其他用户看到后也可能会被驱使做出同样的行为，通过这种方法可以与用户之间形成一个良性的联系循环，从而与用户紧密连接。

3. 增加互动频率

和用户互动，是短视频运营过程中非常重要的一环，应增加互动频率。互动的方法有很多，无论是回复评论、转发抽奖还是其他的一些互动方法，都可以给用户留下很好的印象，当用户形成了与短视频团队互动的习惯后就会对团队产生归属感，认为和团队之间是存在牢固联系的，在这样的情况下，用户群体也就变得更加稳定，不会轻易发生用户大规模流失的情况。

8.3.3 保持高格调，打造垂直 PGC

随着短视频平台的不断发展，越来越多的平台开始打造有竞争力的 PGC 短视频模式。PGC 即 Professional Generated Content，指的是互联网中的专业生产内容型。如图 8-11 所示，现在有很多自媒体短视频团队采用的都是 PGC 型。

图 8-11　PGC 短视频团队

PGC 与其他短视频的区别是，其更注重的是作品本身。用户之所以可以被这些短视频吸引，与背后的人无关，仅仅是因为该短视频的内容能够打动他们。像 papi 酱、暴走漫画、二更视频这些自媒体采用的都是 PGC 模式。在自媒体时代，短视频内容已经成为用户关注的焦点，为了能够拥有更多的高质量内容的短视频作品，各大平台也纷纷行动了起来。

优酷土豆作为老牌视频网站，从很早的时候起就开始发力于 PGC，鼓励原创短视频的发布。以《罗辑思维》《万万没想到》为代表的 PGC 短视频团队在优酷频道订阅数已经近百万，其中的某些作品收入超过了百万，真正实现了变现，大大鼓励了短视频团队的发展。

PGC 的发展必须以内容和用户体验作为根本，短视频团队在进行 PGC 作品创作的时候也应该将这两点放在首要位置。高质量的短视频内容才能吸引来用户，而好的用户体验才能长久地留住用户。用户的需求决定短视频的内容，同时决定了短视频团队的发展方向。

从图 8-12 里可以看出，在 2015 年至 2017 年这三年里，PGC 的制作规模与直接成本有了相当大程度上的增长。这与短视频平台的扶植是分不开的。平台为优秀的 PGC 短视频团队提供了前期资金，帮助他们将前期内容做好，然后让这些高质量的内容形成品牌价值，再通过价值变现让短视频团队可以在内容创作方面投入更大的精力。PGC 生态系统已经发展成为一个完整的产业链。

2015—2017年PGC制作规模（集）　　　　2015—2017年PGC直接制作成本（万元）

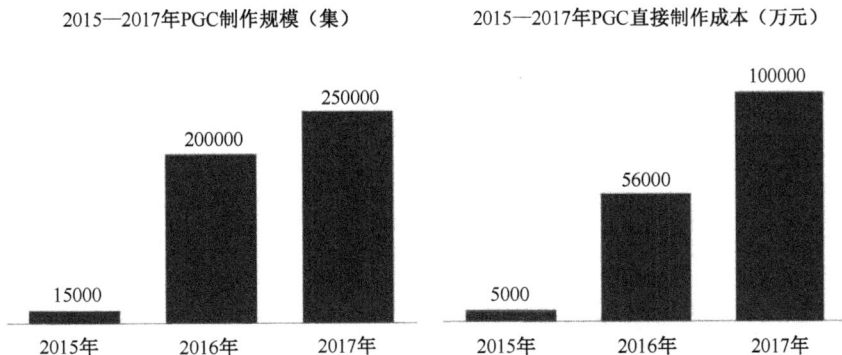

图 8-12　2015—2017 年 PGC 制作规模与直接成本

图 8-13 所示的是自 2004 年开始，PGC 是经过怎样的发展才形成的完整产业链。PGC 生态系统从团队制作短视频、对短视频进行运营、到形成有辨识度的品牌、吸引大量用户，最终短视频团队被用户反作用形成了一个完整的模式。在这个系统中不需要外力的影响，仅依靠短视频团队与用户之间的相互促进就可以不断发展，真正做到了以内容为主，高质量的短视频是成功的决定性因素。

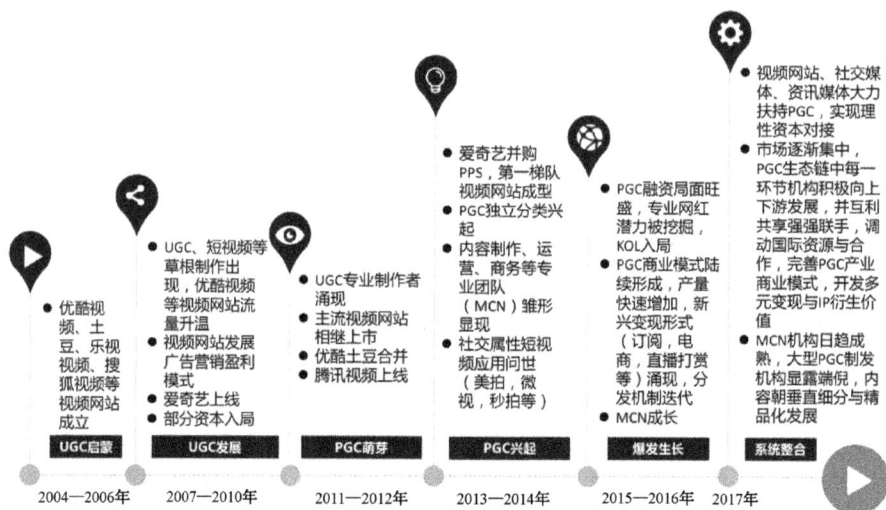

图 8-13　PGC 发展过程

正是由于这种发展历程，PGC 平台非常注重对短视频团队品牌的打造。在形成了一个品牌之后，短视频团队也就能够获得相应的品牌效应，真正为团队带来经济价值与社会价值，团队可以凭借这个品牌不断吸引来更多用户，扩大受众群体，真正做到持续活跃用户。

PGC 是视频平台在经过不断摸索之后的一次全新尝试，平台对于短视频团队类型的选择尽可能全面地覆盖用户群体。用户的不同需求被不同类型的短视频内容所满足，团队真正从用户的想法出发，提供高质量的作品，团队之间同时具有良性的竞争，确保其能够不断创新不断发展，百花齐放。PGC 生态系统不仅仅活跃了用户，还活跃了短视频团队。

8.3.4　秀兜：广大科技爱好者和极客聚集地

秀兜是首款移动视频购物平台，改变了以往卖家以一对多的传统经营模式，以短视频的方式通过多对多的信息传播，快速扩展买家群体，形成了独特的销售网络。如图 8-14 所示，秀兜的板块分类有许多，但是大多与科技、数码相关，所以秀兜一经推出就成了广大科技爱好者和极客的聚集地。

黑科技	减压
科技前沿	办公室
创意设计	妈妈帮
评测	妹纸最爱
发烧级	整蛊
实用派	高性能
趣实验	高性价比
DIY	秀兜CES2018

图 8-14　秀兜板块分类

秀兜这个平台板块的设立可以吸引来许多对科技感兴趣的用户,这些用户在平台上发布科技类的专业短视频,又可以吸引来更多的用户,从而形成一个小圈子。用户既是短视频发布者也是短视频内容的观众,彼此之间不断加强联系,于是就构成了一个稳定的用户群体,为秀兜这个平台的发展打下了坚实的基础。

同时秀兜还会为用户量身定制专属的相关话题节目,推送用户真正感兴趣的短视频,可以让用户在有限的碎片时间里了解到更多专业的科技知识。秀兜的短视频始终保持统一的科技感风格,并且内容水准也始终维持在一个较高的层面上,这样为用户打造出的专属短视频生态区自然可以受到用户的欢迎。

秀兜是一个有社交属性的平台,用户在其上不仅仅是观看科技相关的短视频内容,还可以将自己的所见所感与其他用户分享、讨论。在这样的不断互动的过程中,用户对于秀兜这个平台就产生了归属感,不易出现用户大规模流失的情况。

除了用户自发上传的短视频之外,秀兜还引入了专业的短视频团队以及知名媒体人,从专业角度优化短视频内容质量,打造出一个专属于科技爱好者的 PVG 生态圈。通过这种方式确保最新的科技信息能够第一时间让用户看到,从而令秀兜在用户心中有不可替代性,保证用户群体牢固。

秀兜同时为平台上的卖家也提供了一定程度上的便利。卖家可以通过拍摄科技类商品相关的短视频,全方位多角度地进行展现,让用户可以真正了解其优点。卖家在发布该短视频之后还会实时生成一个商品的链接,供其他用户直接购买,为买卖双方都简化了流程,提高了效率。

　　秀兜在与淘宝、京东等大平台的竞争上并不具备优势,所以秀兜为了能够更好地将其上的商品推广出去,采用了全新的分享模式——"佣金"与"分销客"。佣金由商家自行设置,最高不能超过商品销售价格的 50%,当用户对该商品的短视频进行分享与转发以后,如果其顺利卖出,用户也会得到相应的那部分佣金。在这个过程中,用户也就成为分销客。通过这种方式,秀兜大大调动了用户转发分享的兴趣,增加了卖家商品的曝光量。

　　秀兜的成功经验,体现了对用户群体加以重视的重要性。秀兜通过走心的短视频内容吸引用户前来,再通过打造 PVG 专属生态圈来留住这些用户,最后还以"佣金"的方式来保证用户参与到转发分享的过程当中,持续活跃了用户。秀兜是广大科技爱好者与极客的聚集地,同时也是一个持续活跃用户的有参考意义的实例。

第 9 章

短视频推广的三大策略

对短视频进行推广，是一个不断扩大其影响力的过程。短视频团队按照一定的策略进行推广，可以令短视频运营取得更好的效果。正确的推广策略可以用最小的成本取得最好的结果，而如果采用了错误的策略，短视频团队未免会走弯路，事倍功半。本章就来讲述一下什么样的推广策略才是最适合短视频团队的。

9.1 多渠道联合推广：增加曝光度

曝光度的高低意味着一个短视频可以被多少用户看到，曝光度越高，短视频运营的效果也就越好。通过多个渠道联合推广短视频可以最大限度地覆盖目标用户群体，从而使曝光度尽量增加，以达到最好的短视频运营效果。

9.1.1 自媒体：内容要深耕

自媒体是伴随现代化科技的不断发展应运而生的。自媒体即私人媒体，指的是私人化及普遍化的信息内容传播者，以现代化的科技手段，向不特定的用户或者特定的某个用户传递某些信息的新媒体的总称。自媒体的产生打破了过往主流媒体的"一言堂"局面，让信息在更加多元化的基础上传播速度也变得更加快捷。

自媒体具有低门槛、易操作的特性，但是也正是由于这一特性，网络中的自媒体数量虽多但是却良莠不齐。想在这庞大的自媒体群体中脱颖而出，短视频制作者必须要保证短视频的质量。想要完成高质量的短视频作品，就必须对其内容进行深入挖掘。自媒体主要分为企业型自媒体与内容型自媒体。这两种不同的自媒体形式对于内容的要求也有所不同。

企业型自媒体是围绕自身商品来进行运营的,其发布和转载的大部分信息都是与其企业本身相关的。在用户的选取上也是以企业的目标用户为先。这种类型的自媒体所发布的内容要紧紧围绕企业产品这一中心,在进行产品推广的时候,不能直接以广告的形式出现,必须制作出可以打动用户的作品才能达到好的效果。

以小米科技为例,如图 9-1 所示,小米科技企业的自媒体是以其创始人雷军为中心开始的,外围以高管及员工、"米粉"、企业自媒体、外围媒体和自媒体逐层向外延伸。从这个模式中可以看出,小米科技不仅仅依靠其自媒体部门来进行企业宣传,而是从其创始人开始全员加入了这种自媒体营销当中。

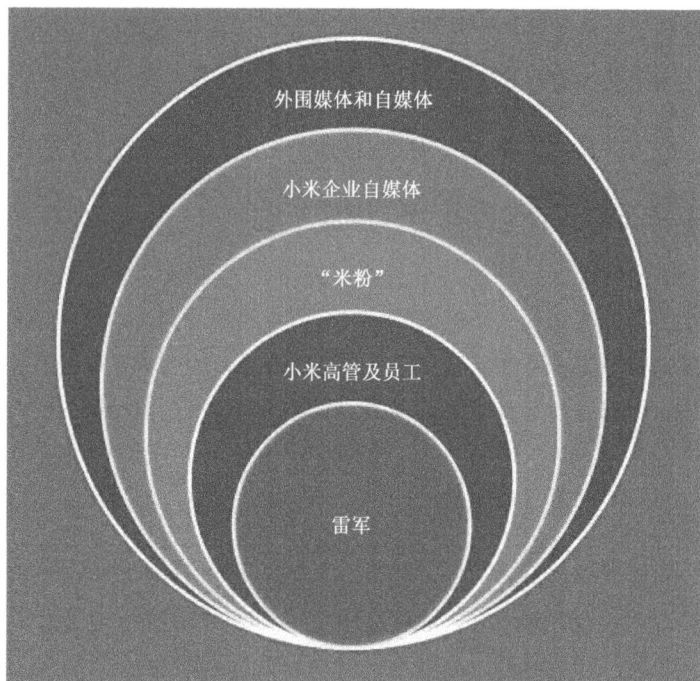

图 9-1 小米科技企业自媒体矩阵

小米科技的这种自媒体营销模式,是建立在其目标用户特点之上的。小米科技的用户群体大多是年轻人,他们对于社交网络的依赖较大,信息获取的主要来源就是通过网络,所以小米科技通过这种自媒体营销模式可以很快地将产品信息传递到用户那里。再加上小米科技由于产品种类较多，其发布新品速度非常快，从而保证了企业的曝光率。

小米科技自媒体营销打造了雷军这个自媒体明星，在用户的心中雷军与小米科技已经牢牢地关联到了一起，只要看到雷军就会联想到小米科技。所以无论是发布会还是在网络上投放短视频进行宣传，都会有雷军的身影出现，由他来为用户讲解小米新品的特点，紧抓用户的需求，从而打动用户使其消费。

企业在选择通过自媒体的方式进行营销的时候，一定要考虑自身的特点究竟是否适合这种营销手段。企业型自媒体的建立前期投入成本较大，运作周期也较长，对于小微企业而言负担过重，可能会影响到企业的正常运作。企业型自媒体在进行运营的时候一定要以产品作为中心，深挖产品特色与用户需求之间的联系，打造良好的口碑，从而完成营销目标。

内容型自媒体与企业型自媒体有诸多不同，其中最明显的一点是内容型自媒体的中心往往是人，比如，papi 酱、咪蒙等知名自媒体，都是打造个人形成品牌这种模式的。内容型自媒体是一个逐渐人格化、场景化的过程，短视频制作者在运营该类自媒体的时候要注意形象的维护。

内容型自媒体根据不同的类别有不同的发展方式，但是相同点是其内容一定要接地气。就算是人民日报这种传统主流媒体，在向新闻类自媒体转换的时候，也同样需要一定的摸索时期，要通过不同的尝试来确定什么样的内容才是用户所喜爱的。内容接地气是最好的让用户产生共鸣的方法。图 9-2 所示的是如何制作好这种自媒体的内容。

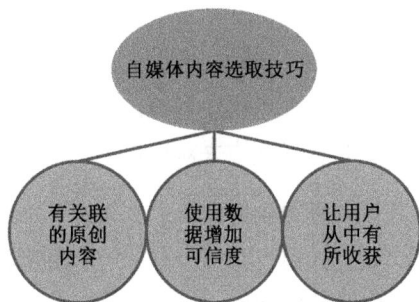

图 9-2　自媒体内容选取技巧

1. 有关联的原创内容

内容型自媒体的内容必须是原创的，只有短视频制作者自己创作出来的东西才是真正属于自己的，抄袭或者盗用虽然在短时间内能够吸引来一些用户，但是一经发现就会永远被拉入黑名单。所以短视频制作者在建立自媒体账号的时候必须要注重原创性。在内容原创的基础上，还应该要相互关联。

有些自媒体在内容的选取上可能会认为选取不同种类的内容可以覆盖到更广的用户面，但实际上这种方法并不利于留住用户。内容的选取应该围绕着同一个主题，形成关联，在这样的情况下，吸引而来的用户都是对该主题有所需求的，所以自媒体在后期继续提供相关主题的内容时，这些用户就会选择持续关注，久而久之就形成了忠实用户群体，对于内容型自媒体的发展以及变现都有很大的好处。

2. 使用数据增加可信度

自媒体的内容虽然不需要像纪实性文学一样严谨，但是在提到有些专业性内容的时候，加上一些数据可以增加真实性，令用户在看到之后能够更加信服。尤其是与经济、科技等领域相关的内容，数据的添加可以令用户感到更加权威。

在数据的选择上，自媒体人一定要注意其真实性。数据的来源必须可靠，这样才能确保数据是真实有效的。数据的选择还应该尽量新，越靠近内容发布时间的数据就越具备参考价值。在找不到合适数据的时候，自媒体人也不能胡乱编造来进行凑数。用户群体的知识层面结构是非常全面的，如果被用户看出该数据是编造的并将其指出，自媒体的可信度就会大幅度下降，从而导致用户大量流失。

3. 让用户从中有所收获

一个好的自媒体内容应该让用户在看完之后能够有所收获。这种收获并不意味着自媒体在编排内容的时候要枯燥地说理，而是应该将价值融入内容的方方面面，也就是通过自媒体人自己的观点来对用户产生一定的影响。

自媒体人的观点在融入内容的时候要注意角度，好的切入角度可以为用户留下更加深刻的印象。自媒体的内容必须含有让用户在观看后感到有所收获，这样才能给用户带来信服感，让用户对自媒体产生依赖，并且愿意向其他用户进行推荐。

9.1.2　SEM 三大推广模式

SEM 即 Search Engine Marketing，指的是搜索引擎营销，是一种全新的网络营销方式。SEM 整合了百度、搜狗等几大常用搜索引擎营销技术以及社交平台等网络推广手段。SEM 这种模式在推广运营过程中令用户可以在搜索过程中看到短视频的相关信息，然后主动点击链接观看，起到更好的推广效果。

SEM 在推广过程中的重点是短视频的关键词，当短视频的关键词在搜索中排名越靠前的时候，被用户看到的可能性也就越大。所以想要起到良好的推广效果，在选取关键词的时候一定要谨慎。

如图 9-3 所示，SEM 这种推广方式与其他方式相比具有很大的优势。SEM 由于是用户主动选择观看的短视频，所以吸引来的用户更加符合短视频制作者的预期，而且搜索引擎每日流量非常大，有机会看到的用户的基数也很大。所以 SEM 推广虽然在前期需要投入一些资金，但是其回报率非常高。SEM 可以快速增加短视频的曝光率，吸引到大量用户，对于短视频制作者是非常有力的一种推广方式。以下就来介绍一下 SEM 的三大推广模式。

图 9-3　SEM 的优势

1. 自然推广

自然推广指的是短视频制作者将短视频在网络平台上发布之后，将要推广的短视频通过网页等形式放入搜索引擎，然后搜索引擎在自行分析后抓取关键字，当用户搜索相关关键字的时候再反馈给用户。自然推广的成本较小，但是想要取得好的效果也需要制作者付出很多的努力。

由于搜索引擎抓取的自身特性，短视频制作者对于关键词的选取是实现良好推广效果的重要一步。在这一点上，制作者需要在前期对目标用户人群的搜索习惯进行一定的调查，然后对得到的数据进行分析，得出最高频率的关键字，最后在短视频的题目、文案的编写上加入这些关键字，这样才能令目标用户更容易搜索到该短视频。

由于不同搜索引擎的计算方式存在一定的差异，自然推广存在较大的不确定性。为了确保可以通过关键字令用户在引擎中搜索到该短视频，短视频制作者也应该在不同的时段来进行验证，如果发现无法搜索到，需要尽快重新设置关键字，避免用户发生同样的问题。

2. 竞价排名

自然推广虽然成本较低，但是取得效果的速度较慢，而且还存在着一定的不确定因素，短视频制作者如果需要在最短的时间内确保取得最好的推广效果，可以采用竞价排名的方式。竞价排名指的是向搜索引擎方付费购买广告位，这样在用户进行关键字搜索的时候，该短视频就会在最上方，容易被用户看到。

如图 9-4 所示，以百度这个在国内使用人数最多的搜索引擎作为例子。百度对于竞价排名在搜索结果最上方设有专门的广告位，右上方会有"广告"的字样标示，这样既不会影响用户搜索时的自然排名，又可以为竞价方起到推广宣传的作用。为了保证用户的使用体验，在搜索的时候竞价排名广告位一般只设有一两个，短视频制作者如果想要得到相应关键词的广告位，需要付出较高的成本。

图 9-4 百度竞价排名广告位

不过竞价排名收费方式是按点击付费的，点击短视频链接的用户越多，制作者要付出的资金也就越多，如果没有用户点击，制作者便无须耗费资金。竞价排名的这一特点保证了使用的成本能够得到相应的回报，从而并不会有资金浪费的可能性出现。

竞价排名可以使短视频更容易被用户看到，从而很大程度上增加了短视频的曝光度，并且短视频的内容与用户搜索的关键词关联性大，可以增加推广的定位程度。由于其计费模式，制作者还可以对用户的点击情况进行系统的数据收集分析。竞价排名对于想要在短时间内获得高回报的短视频制作者是一种非常适合的方法。

3. 混合竞价方式

混合竞价方式综合了前两种推广方式的特点并加以整合，搜索引擎产品在竞价排名的基础上，同时对其点击率的高低加以考虑。如果使用这种方式，短视频在得到好推广位的同时，也要更加注重用户的使用体验。

短视频制作者想要通过混合竞价的方式对短视频进行推广，在付出一定成本的同时还要想办法增加该短视频的点击率。在这种情况下可以使用社交平台共同推广或者加入其他推广方式，多渠道联合进行。

以微博为例，短视频团队可以在其上发布含有短视频链接的微博，然后通过用户的转载不断扩散，使越来越多的用户点击该短视频的链接，从而使其在搜索引擎中的排名更加靠前，增加被其他用户看到的概率，形成一个良性循环。

短视频制作者使用 SEM 推广模式对其作品进行推广，有利于该短视频在庞大的同类短视频群中脱颖而出，很大程度上在网络竞争中取得优势，能够更有力地争取到用户。而且 SEM 具有更高的可操作性，更适合短视频制作者来进行掌控，有意外事件发生的概率较小，风险较小。

9.1.3　多场景地推

地推有别于之前提到的线上推广方式，它是一种线下推广。现在短视频制作者对于线上推广都已经有了足够的重视，由于线上市场有限，所以竞争非常地激烈，想在其中获得一席之地也有种种困难。在这样的情况下想要短视频推广起到良好的效果，不妨采用地推的方式。

在地推进行之前，首先要对场景进行选择。地推场景的选择要根据短视频所面向的目标用户来决定，不同类别的短视频有不同的用户，进行地推的地点也自然不同。在确定了场景以后，短视频制作者还应该策划出一个与场景特点相符的地推方案，这样在实践过程中才能够起到更好的效果。如图 9-5 所示，下面讲解一下在几种场景下应该采用什么样的方法进行地推。

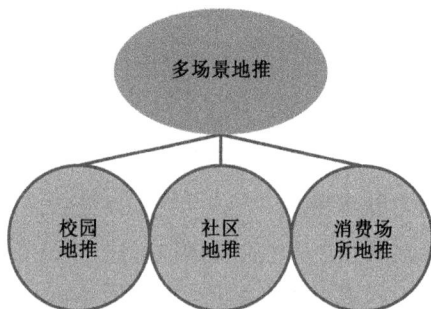

图 9-5　多场景地推

1. 校园地推

在进行校园地推的时候，采取传统的发传单方式无疑是不太合适的。想要取得校园内年轻人的关注，可以根据短视频的特点来让学生参与其中帮助拍摄。当学生成为短视频中的演员的时候，自然会持续关注该短视频什么时候会被发布，在发布以后还会邀请自己的亲朋共同观看，这样就起到了拓展用户群体的作用。

但是要注意，现在许多学校是禁止直接进入校园进行地推的，在这样的情况下，短视频制作者就必须采用其他的方式来达到地推的目的。现在的学校，尤其是大学中的社团为了能够顺利进行社团活动都需要拉一些赞助支持，短视频完全可以采用为社团提供赞助的方法来进行地推。

通过这种方式来进行校园地推，天然地就在学生用户群体中博得了好感，虽然需要一定成本上的付出，但是得到的回报也是相当大的。同时还可以将学生中的领导者转化为地推人员，这部分领导者在校园中的人脉较广，由他们进行地推可以令学生用户更好地接受，从而取得最佳的效果。

2. 社区地推

在进行社区地推之前，首先要对该社区的人员组成做一个大概的调查，不同社区的人员比例有不同的特点，短视频制作者应该选择一个人员构成与短视频目标用户重合度较高的社区来进行地推，这样才能起到更好的推广效果。

在进行社区地推的时候，由于短视频的观看需要一定的时间，所以不可能要求被推广对象在原地看完一个短视频才算作一次推广结束。在这种情况下，可以选择间接推广的方式，简化过程，要求用户关注相关微信公众号来完成。

为了能更好地调动起用户的积极性，短视频制作者还可以准备一些与短视频相关的小礼物作为关注后的赠品，甚至还可以采取关注后可参加抽奖的方式来激发用户的好奇心，让用户主动来进行关注。在进行地推的同时还可以使用一个显示屏在后方播放短视频的相关预告片来引起用户的兴趣，从而达到更好的效果。

3. 消费场所地推

在消费场所进行地推与其他场景中有所不同。由于用户在消费场所一般都有其目的性，如果占用其过多的时间来进行地推很容易会引起用户的不快，导致推广失败。在这种情况下，对短视频进行地推必须要改变一下方式，可以尝试与商家进行合作。

以饭店等饮食场所为例。往往比较火的饭店无论是在外等待进入就餐还是点餐后等待餐品完成都需要一定的时间，在这个等待过程当中，用户往往会觉得无聊甚至焦虑。这种情况下，可以与商家达成合作，由商家一方为等待的用户提供二维码，可供用户在此期间扫码观看短视频，既帮助用户打发时间，又起到了推广短视频的作用，可谓是一举两得。

想要与商家长期合作，就必须要达成互惠互利的关系。除了向商家付费来令其帮助地推以外，还可以采用在短视频中为其打广告的方式。这样可以在减少成本的消耗的同时令商家得到相应的实惠，形成稳定的合作关系。在这种地推模式下，要注意后期的持续关注，比较不同的消费场所中进行地推的不同效果，最终找到最适合推广短视频的场所。

9.2　多元融合：全方位满足用户的媒介习惯

在用户的使用手机或是电脑的时候，不仅仅是观看短视频，通常同时还有使用社交平台、回复信息、查阅资讯等事情需要同时完成。面对这样的情况，短视频团队可以融合其他的媒介，加强与用户之间的联系，令用户对短视频留下更加深刻的印象。

9.2.1 短视频+"双微"互动

短视频团队进行短视频推广的时候，不应该仅仅局限于短视频发布平台上，可以选择多平台同时推广，以获取最大范围的用户。在社交平台上进行同步推广可以起到更好的效果。以微博与微信为例，这两个平台都有同样的信息传播速度快的特点，在其上进行推广可以在短时间内获得最大的曝光度。当然这两个平台之间也是存在着区别的。

微博的大部分功能是一对多模式的，由博主发布微博，然后他的"粉丝"看到后，其中的一些会进行转发或评论产生互动。短视频团队基于这个特点，可以开设一个自媒体账号，用于日常发布短视频以及与用户互动。团队在账号上发布的短视频被关注该账号的一个用户转载的时候，就很有可能被关注该用户的其他用户所看到，然后再进行二次转载，通过这种方式一层一层向外扩展，不断扩大用户群体的范围。

在微博上与用户互动也比较便利。现在许多短视频平台由于其自身定位的原因，社交功能并不太完善，用户在其上与自己喜欢的短视频团队进行互动存在许多困难，这种情况下很难形成完整的互动体系。如果短视频团队同时建立了微博官方账号，就可以将用户引流到微博处，改善这种不足。

在微博上，短视频团队还可以采取转发抽奖等回馈用户的方式来吸引用户加入互动，从而不断活跃"粉丝"群体，对其进行筛选，最终留下核心的忠实用户，为短视频变现打下基础。转发抽奖是一种很有效果的微博运营活动，当越来越多的普通用户加入进来的时候就会形成长尾效应。

长尾效应指的是用极小的成本，便换来几乎无限大的经济价值的一种效应。图 9-6 所示为微博长尾效应示意图，在微博上，知名博主及"大 V"这种经常登上微博排行榜的用户，由于其"粉丝"数量庞大，是非常有影响力的，其经济价值也是巨大的，但是由于与其合作的成本较高，合作者选择范围广，短视频团队很难与其达成合作。在这种时候，利用转发抽奖的方式引起普通用户的关注，随着加入其中的群体不断扩大，也就形成了长尾效应。虽然前期同样需要耗费一些成本，但是最后获得的经济价值却是近乎无穷的。

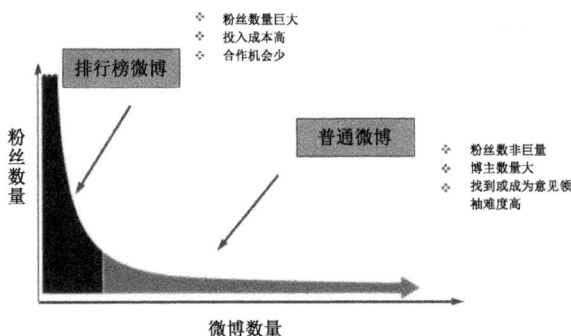

图 9-6　微博长尾效应

除了微博以外，微信也是一个需要短视频团队重视的与"粉丝"进行互动的社交平台。随着智能机的不断普及，微信已经成为广大用户离不开的一个日常联系工具，其用户群体横跨各个年龄各个阶层，无论短视频的目标用户选取的是哪个群体，在微信上都能够找到对应的用户。所以想要起到最好的短视频推广效果，团队必然需要在微信这个平台上与用户加强互动。

在微信上与用户互动的方式有两种，一种是通过已观看用户的分享转发，另一种则是建立微信公众号，通过日常运营来笼络住一批用户。前一种的互动方式与在微博上类似，都是一对多的模式，用户在分享转发后会被自己的朋友圈中的其他用户看到，从而不断地进行扩散，增加影响力。短视频团队在前期的时候也可以拜托自己的好友帮忙分享转发，从而快速积累人气，在短时间内度过新手时期。

建立微信公众号是现在许多短视频团队都使用的一种运营方法。微信公众号是一种一对一的互动方式，这种方式与其他方式相比有着独特的优势。如图 9-7 所示，这些优势的存在可以给予用户更好的互动体验。

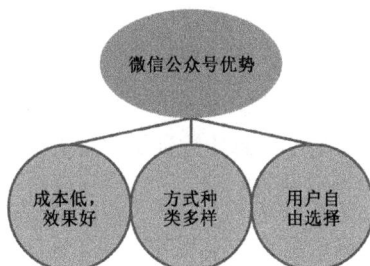

图 9-7　微信公众号优势

1. 成本低，效果好

微信公众号的建立本身是免费的，短视频团队唯一需要投入的成本只在其日常维护运营上。并且由于关注该微信公众号的用户都是本身对短视频存在了解的兴趣的，所以该团队的短视频定位必然是符合其需求的。在日后的微信公众号的运营上也可以依照该寻求量身打造推送文章。

通过这样的方式，与微信公众号进行日常互动的用户往往是有特定种类的，这一部分的"粉丝"由于其需求被高度满足，有极大的被转化成为忠实用户的潜力，对于短视频团队的发展也有极大的推动作用。这种互动方式尤其对于前期资金不足的微小型短视频团队能起到极大的帮助。

2. 方式种类多样

微信公众号由于其植根于平台的本身特点，短视频团队在日常推送消息的时候可以采用文字、图片与语音等形式。团队可以根据需要传递的信息的不同而选择不同的方式来进行发布，这些形式使得互动变得更加灵活，并且由于其方式的多样性，则很容易让用户有新鲜感，可以加强用户与其互动的欲望。

在通过语音这种方式来与用户进行互动的时候，由于声音比文字图片能传达给用户更多的情绪信息，可以很大程度上地拉近短视频团队与用户之间的距离，建立稳固的连接，从而使得该用户不易流失，从而形成稳定的用户群体。

3. 用户自由选择

微信公众号可以由用户自由地选择是否关注，在关注后也可以选择是否接收消息，并且在经过相关的设置之后，还可以由用户发送关键字来选择收取信息的内容。这一方法，提高了用户的自由度，将获取短视频信息从被动转化成为主动，从而提高了用户的积极性，使用户在互动过程中占据了主导地位。

用户在关注微信公众号以后，在获取信息的时间上也变得更加自由。用户可以选择在其有空闲的时候来收取浏览相关的短视频信息，这样不仅为用户带来了更好的互动体验，同时也提高了信息传达到用户后被阅读的概率，使得运营能够得到更好的效果。

短视频团队想要通过微信公众号来与用户进行互动，首先要让用户了解与关注该公众号。想要完成这一任务，令用户心甘情愿地进行关注，需要注意一定的方法，选取合适的方法可以令更多的观众主动进行关注，而如果使得观众产生被强迫的感觉则会产生反效果。以下以"刘老师说电影"与"阅后即瞎"两个电影类短视频公众号，来举例说明一下微信公众号的正确宣传方法。

微信公众号除了可以通过账号来进行搜索以外，还可以令用户通过扫描二维码来进行关注。这种方式在方便了用户操作的同时，也更加便于团队将二维码融入短视频当中。"刘老师说电影"几乎在其每一期更新的电影解说当中都会以令观众意想不到的方式来将其微信公众号的二维码植入其中。

往往这些植入会与剧情尽量贴近，并且多富有搞笑色彩，这样就使得植入二维码变成了视频中会令用户感到有趣的一部分，也就很难对此产生反感的情绪，甚至于当其某期视频没有植入时还会有用户在评论中进行提醒。"阅后即瞎"团队也是如此，其还会富有创意地放置一些透明度较高或者移动速度较快的二维码来增加用户扫描的难度，从而提高其能够从关注微信公众号这一行为中获得的乐趣，很大程度上增加了公众号的关注度。

除了通过趣味的二维码投放方式来使得用户产生关注欲望以外，还可以通过一些小的利益来吸引用户。这种小利益并不单单指物质上的用户回馈，一些精神上的满足感也可以令用户产生兴趣，例如关注微信公众号可以更快速地得到一手相关资讯等。短视频团队可以根据用户的不同需求来选取不同的方法。

9.2.2　短视频+直播+H5

随着综合平台功能的不断完善，有越来越多的短视频团队开始通过直播的方式来与用户进行互动。直播是一种非常具有及时性的互动方式，用户可以在直播过程中问出自己最关心的问题，而短视频团队在看到后也可以及时进行回答，这样就缩短了团队与用户之间互动所需要的周期长度，从而提高互动的频率。

对于运营对象为自身的短视频制作者而言，直播更是短视频运营的一种延展方式。以美妆类短视频制作者为例，美妆类短视频制作者日常发布的都与系统完成某个类型的妆容相关，但是由于时长的限制，以及为了给用户带来更好的观看体验，该类短视频往往会省略部分过程，这对于化妆新手而言，在学习上可能就会带来一定的困难，于是制作者就很难留住这一部分用户。

而直播刚好弥补了这一方面的不足。直播的时长更加灵活，可以随妆容的难易程度来进行调整。制作者还可以根据直播时用户的反馈来进行调整，在以后的短视频录制中也会更加清晰地了解应该突出哪一步才能让用户满意，有利于短视频的进步，从而吸引到更多的用户前来。

除了美妆类短视频以外，其他的运营对象为具体某个人的短视频都可以同时使用线上直播的方式来与"粉丝"加强互动。以木下为例，如图 9-8 所示，木下是日本知名的"大胃王""网红"，她日常投放的视频都是与吃相关的，由于时长的限制，这些短视频大多在中间采取快进或者剪辑的方式来进行缩短。随着人气的不断上涨，木下也开始在周末的时候以直播的方式来试吃食物，更直观地向喜欢她的用户进行展现，并且还能即时地回答用户的问题，增强互动感。截止到 2018年 1 月，木下的频道已经有了超过 50 万人进行订阅。

【吃货木下】【UUUM字幕】100个麻糬吃给你看！	【木下大胃王】吃鸡啦！首德基圣诞大餐 高级烤鸡	【木下大胃王】分量十足肉汁喷射的五份总重6kg的巨
▶ 92.1万 🕐 2018-01-09	▶ 77.6万 🕐 2016-12-24	▶ 77.0万 🕐 2015-11-13
【木下大胃王】辣的连BGM都不对了！辣哭的韩国火鸡	10斤韩式芝士鸡排锅配米饭过生日吃芝士 木下大胃王	【木下大胃王】十五块多汁汉堡肉配西红柿葡包蛋的大
▶ 98.6万 🕐 2017-04-03	▶ 160.4万 🕐 2017-02-04	▶ 107.6万 🕐 2016-05-25

图 9-8　木下播放量较高的短视频

除了直播以外，H5 也是一种有很强效果的短视频推广方式。H5 即 HTML5，原意是超文本标记语言的第 5 个版本，在新媒体网络运营领域中专指微信 HTML5 网页。微信由于不支持 FLASH 插件，在以前无法在其网页中播放动画，直到 H5 的出现才弥补了这一不足。H5 的技术较为复杂，往往用于企业的运营过程当中。

图 9-9　脸盲挑战赛

有很多企业在通过短视频进行运营的同时，还会运用 H5 技术在微信上进行宣传推广，增强短视频运营的效果。如图 9-9 所示，就是美宝莲联合 in 进行的一次成功的运营。美宝莲于 2015 年 12 月在 in 这个年轻人聚集的社交平台上举办了一次脸盲挑战赛，规则是观察一位妆后的美女，然后在 4 张照片中选出其素颜照，连续 6 次选择正确即可获得奖品。

这次照片的提供者都是曾经投放过美妆类短视频的"网红"，用户对于其素颜的模样本就抱有好奇心，再加上以 H5 这种新颖的方式呈现出来，该活动一经推出就在用户处得到了很大的反响。化妆是在女性群体中的一个经久不衰的讨论话题，一个适合的妆容可以在很大程度上提升一个人的颜值，从而增加其自信。而正是由于如今有越来越多的人重视起了化妆，其素颜的样子就更加令其他用户感到好奇了。美宝莲以此为切入点，间接为自己的产品做了一个有力的宣传。

以 H5 这种方式来进行这个活动，会为用户带来很强的参与感，并且由于奖品的设置，每个参与的用户都希望可以保证自己的正确率，于是在选取照片遇到犹豫的选项时，自然就会分享给自己的朋友来进行参谋，如果朋友对此感兴趣自然也会参与其中，这在无形中就扩大了潜在用户群体。

美宝莲之所以能够通过这种 H5 的形式取得一次运营的成功，是因为其将宣传重点从产品本身延展到了使用产品后的效果。美宝莲邀请的这些照片提供者都是通过短视频的投放在用户群体中拥有了一定影响力的"网红"，很轻易地就可以吸引到用户的目光。当用户看到这些"网红"在妆前妆后拥有如此大的差别的时候，出于爱美的天性，自然会好奇是什么样的产品才能达到这样的效果，于是就为美宝莲的产品赢得了关注。

美宝莲选用 H5 这一技术也更便于该活动在微信及其他不兼容 FLASH 的浏览器上进行传播。用户在参与进来的时候没有任何门槛，便于操作，而且在极短的时间内就可以完成一次尝试，便于用户在有限的碎片时间内参与，可以在极短的时间内就获得最广阔范围的宣传，有利于信息的扩散。

9.2.3　短视频+直播+线下活动

在一个短视频团队或者个人获得了一定的忠实用户之后，可以选择组织一定的线下活动来加强与用户之间的互动。对于该线下活动，团队或个人还可以对其进行直播，从而进一步扩大影响力，使得没有时间参加线下活动的用户也可以拥有参与感。在组织一场线下活动之前，短视频团队需要考虑的还有许多，如图 9-10所示。

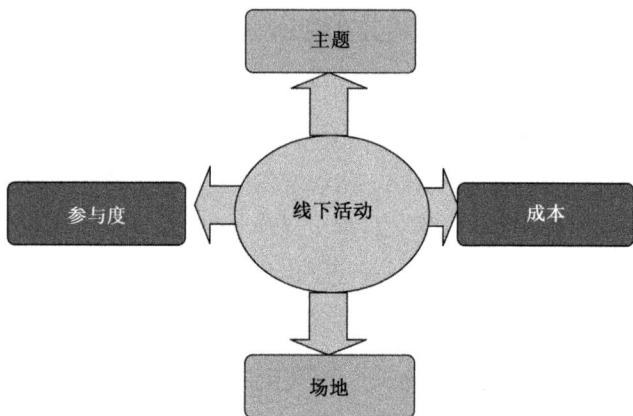

图 9-10　线下活动

1. 主题

在开始举办一个短视频线下活动之前，该活动的举办者需要确立一个主题，如同短视频拥有固定的主题才能最大限度上维持用户群体的稳定度一样，线下活动也需要设定好一个能够引起用户兴趣的主题，才能吸引其前来参加。

线下活动的主题应该尽量贴近目标用户的需求。目标用户的兴趣爱好往往是有相似性的，选取与其一致的主题可以吸引到更多的用户前来参加。主题的选取上还可以事先进行调研，在了解用户需求的基础上还可以加强用户的参与度。

2. 成本

线下活动的成本往往要高于线上活动。线下活动的成本由活动的规模决定，规模越大的活动所需要的成本也就越高。为了能够保证举办者的日常短视频运营不受到影响，在策划阶段必须要对所需成本进行预算。

线下活动的成本往往包括：场地费、装饰费、活动中所需的道具、活动推广以及邀请嘉宾的费用。这些成本的消耗可以根据不同的活动主题进行调整，在可以节省的地方应该尽量节省，但是也不能为了节约成本而将活动举办得过于寒酸，否则不仅起不到推广宣传的作用，还会在用户处留下不好的口碑。

3. 场地

场地的选取要根据前来参加的用户来决定。参加的用户越多，所需的场地也就越大。地点举办者应该尽量选择交通方便的大城市，这样比较方便用户前来参加，避免因为路途不便而导致用户无法参与。

对于用户而言有纪念意义的地点也不失为一个好的选择。该地点作为举办者与用户之间拥有共同意义的地方，在宣传期间可以制造出一个热点，提高用户的参与热情，增强宣传推广的效果。

4. 参与度

一次短视频线下活动的参与度由参与性与用户能够参与两部分构成。线下活动的参与性取决于举办者的策划，举办者将活动策划得越有趣味性、设置的环节越适合用户进行发挥，用户的参与性也就越高。而用户能够参与一方面要考虑该线下活动举办的时间地点是否适合参加，另一方面还要考虑该活动设置的环节用户是否有能力参与其中。

参与度是衡量一次线下活动是否成功的非常重要的一环，保证用户能够有较高的参与度才会使用户具有满足感，从而与短视频制作者之间的关系更加稳固，成为不易流失的忠实用户。高参与度的保证也有利于塑造举办者的优秀口碑，保证在未来继续举办线下活动的时候可以得到用户的响应。

9.3　自带传播："系列"+内容升级

对于一个内容型短视频的制作团队而言，短视频系列片已经逐渐成为一个主流发展趋势了。系列短视频由于其连贯性，可以引起用户的好奇心，这样就可以令用户在较长的一段时间内对该短视频团队保持一定的关注度，保证其曝光度。在制作系列短视频的同时再不断对其内容进行升级，可以长久地保持一个短视频团队的生命力。

9.3.1　创作"系列"短视频，加深印象感

"系列"短视频分为两种形式，一种是剧情上有关联性的，另一种是剧情上无关联性的。剧情上有关联性的这种短视频与电视剧类似，有一条固定的主线，剧情的安排全都围绕着主线进行发展，但是与电视剧相比情节更为紧凑，更适合

用户在碎片时间里进行观看。而剧情上无关联性的短视频往往有一个固定的主题，每一期短视频都选取与该主题相关的不同事件来进行制作。

如图 9-11 所示，《造物集》是魔力 TV 打造的一部短视频系列短片，截止到 2018 年 1 月，已经发布到了第五季。《造物集》每一期都以清新的拍摄手法为用户介绍一个可以提高生活质量的小物品的制作方法，深受广大用户的喜爱。《造物集》看似每一期的相关性并不紧密，但实际上围绕着"生活手工"这一主题，形成了系列。

图 9-11　造物集

像《造物集》这种系列短视频，在用户群体中已经形成了口碑，用户对其的印象必然非常深刻，在每一季推出的时候都会吸引过去的用户进行观看，保证了用户量的稳定。现在各种类型的短视频团队层出不穷，创作系列作品有利于充分利用同一主题，并且由于吸引而来的用户都是对该主题抱有一定关注度的，在忠实用户的转化率上也有相当大的提高作用。

如图 9-12 所示，根据艾宾浩斯遗忘曲线，人的记忆保留是有规律的，人在记住一件事情之后，会随着时间的流逝而逐渐将其忘却，这种遗忘速度在一开始较快，此后会逐渐慢下来。而在记住这件事不久后就对其进行复习，可以有效地减慢这种遗忘速度。依照这个理论，制作系列短视频可以使得用户在观看每一期的时候都加深对该系列的印象，随着时间的增加该印象也就越来越深刻，从而避免被用户遗忘。

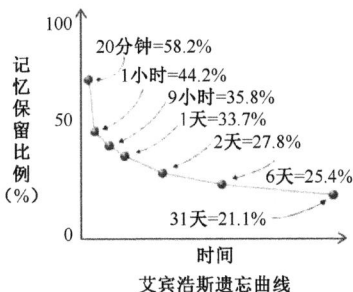

图 9-12 艾宾浩斯遗忘曲线

系列短视频的创作同时也是打造口碑的一个过程,当一个系列短视频始终都保持着较高的完成水准以后,在用户心中就会留下一个"佳作"的印象,从而在未来与不同的短视频团队推出相同主题的短视频作品时,用户就会因为这种口碑而优先进行选择,这样就减小了短视频推广的难度,增强了宣传的效果,有利于短视频团队的可持续发展。

9.3.2 升级内容,实现跨界 IP

随着短视频运营行业的逐渐成熟,有越来越多的企业看到了其中的利益所在。有些企业在短视频运营中取得良好的宣传效果之后,又逐渐将目光放得更远,看到了 IP 这个市场的潜力,开始进行了跨界的合作。

IP 原意为知识产权,在新媒体领域可以引申解释为一个有超高知名度的作品。这样解释起来或许显得过于抽象,在 QQ、微信中许多用户都使用过阿狸的表情包,其中"阿狸"就可以被称为一个 IP。企业与 IP 进行合作已经不是什么新鲜的事情,但是这种跨界合作存在着一定的风险,如何才能选取到一个适合的 IP 是每个打算涉及该领域的企业都应该慎重考虑的。图 9-13 所示是企业如何成功与 IP 进行跨界合作的一些方法。

1. IP 符合品牌理念

企业在选择合作的 IP 的时候,要注重与其理念相符合,这样在运营宣传的过程中才能给用户带来正确的认知。企业选择与 IP 进行合作,本质上还是为了宣传产品,如何将产品与 IP 自然地相结合,是企业在策划阶段所需考虑的一个重要问题。

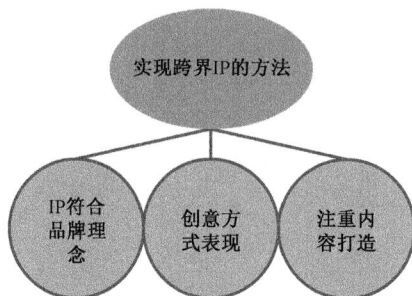

图 9-13　实现跨界 IP 的方法

　　麦当劳作为快餐中的知名品牌，早就开始了与 IP 的合作。麦当劳经常在一定的周期内推出相关的活动，例如买套餐赠送玩具或者消费满多少元可以加钱换购玩具。这些玩具往往都与 IP 相关。以 2017 年底推出的"正义联盟"公仔挂饰为例。"正义联盟"是有名的漫画世界 DC 中的一个超级英雄组织，深受年轻人与孩子的喜爱。同名电影于 2017 年 11 月上映，麦当劳在同一时间推出了闪电侠、神奇女侠、蝙蝠侠和超人这四个知名超级英雄形象的公仔挂饰作为换购品，如图 9-14 所示。

图 9-14　麦当劳推出"正义联盟"公仔挂饰

　　这是麦当劳与"正义联盟"这个全球性超级大 IP 的一次成功合作。麦当劳选择在电影上映后获得用户最大关注的时候开展这次活动，有效地将用户对于电影的喜爱延伸到其产品之上，从而起到了良好的宣传效果。麦当劳选择与"正义联盟"这个 IP 进行合作是考虑到其目标用户。"正义联盟"的"粉丝"大多是年轻人，这与麦当劳对于目标人群的定位是相同的，再加上以换购这种形式来实施这次活动，也同样带动了销售额。

麦当劳的经营理念是"以客为尊，一切为你"，其在选择合作 IP 的时候也始终秉承着这一点。除了"正义联盟"之外，麦当劳还曾经选择过与"小黄人""海贼王"等深受用户喜爱的经典 IP 进行合作，麦当劳的选择就是源于用户的需求，用户在获得满足感之后就会更愿意前来消费，从而为企业带来更大的收益。

2. 创意方式表现

在与适合企业理念的 IP 达成合作之后，如何借助 IP 的力量来进行产品的运营就成为下一步工作的重点了。传统的 IP 代表形象代言已经令用户感到习以为常、不再有新意了，如果继续使用这种方法来进行宣传推广，很难取得好的效果。所以企业在方式的选择上需要更加富有创意。以吉列为例，如图 9-15 所示。

图 9-15　吉列与"星球大战"合作

吉列在 2017 年 1 月与全球性大 IP"星球大战"进行合作，推出了以其中经典的阵营部队为主题的三套限量礼盒。"星球大战"在以宅男、极客为代表的男性用户群体中有着无可替代的至高地位，吉列作为一个以剃须刀为主打产品的企业，与该 IP 进行合作，是一个建立在目标用户需求上的选择。

在合作方式上，吉列也摒弃了传统的代言模式，先是在 2016 年末的时候拍摄了以"星球大战"为主题的广告短视频，并且打出了"你准备好做英雄了吗"

的宣传标语来进行前期预热。每一个"星球大战"的忠实爱好者心中都有一个英雄梦，这个标语的提出可谓是正中其"痛点"。因此，这些用户必然会对吉列后续推出的运营活动加以关注。

吉列将剃须刀的外观做成"星球大战"武器主题，并且采用中国区仅限500套的饥饿营销模式，来唤起每个"星球大战""粉丝"的渴求。饥饿营销是一种企业常用的营销方法，其旨在以较低的产量来使得用户对其产生求而难得的心理，从而调控供求关系，形成供不应求的市场模式，以达到企业占据市场主导地位的目的。

吉列通过这种饥饿营销的方法所获得的收益不仅仅是售出的这些产品，更多的是由引起目标用户的关注而带来的后续收益。用户的关注可以为企业带来巨大的经济效益，为了使得用户能够持续关注，吉列还与天猫达成了合作，推出了5700款限量"星球大战"定制刀架礼盒。

吉列与天猫的合作是实现跨界IP的又一大创意方式。"星球大战"的"粉丝"群体中男性占大多数，吉列的这种从线下到线上的与电商进行的合作可以将IP效应扩展到经常使用电商平台的女性用户当中，从而扩大了影响力，起到更好的宣传推广效果。

企业在联合IP进行推广宣传的时候，应该根据产品自身的特点以及IP中最能够引起用户注意的方面来进行前期策划，并且依照目标用户的日常习惯来选取最适合的、最富有创意的方式来打造最终的方案，这样才能将IP的力量最大化，在用户群体中引起最轰动的效应，达到最好的结果。

3. 注重内容打造

企业在与IP进行合作，宣传自身产品的同时，还要注重对内容的打造，言之有物的内容才能在用户心目中留下深刻的印象，引发用户的广泛讨论。IP本身之所以能够成为IP，也是因为其具有一定的价值观及文化底蕴，依托于IP本身打造好的内容，是对企业品牌的一种塑造过程，企业的产品推广只是一种表象，真正能够打动用户的是其过程中所体现出来的价值取向。

乐高是由乐高公司推出的一种深受孩子喜爱的玩具积木品牌，其形状有1300多种，每一种形状都有12种颜色可供用户进行选择，这种庞大的构成总量可以令用户开动自己的脑筋搭建出各种各样的形态，在欧美、亚洲地区都深受孩子的喜爱。而当乐高与迪士尼这个超级大 IP 合作之后，也将目标用户从孩子扩展到了成人当中。

如图 9-16 所示，乐高推出了很多以迪士尼经典动画形象作为原型的玩具积木。除了这些深入人心的童话角色之外，乐高也制作了许多漫威、星球大战等迪士尼旗下经典系列相关的玩具积木。这些新推出的系列在成年人用户群体内也深受好评，在此基础上乐高还推出了以其玩具积木为主要演员的短视频。

图 9-16 乐高推出的迪士尼经典形象玩具

图 9-17 所示是乐高在与迪士尼进行合作之后制作的漫威相关的短视频。短视频内容上与电影本身相关联，但是又加入了乐高积木人物的特有动作在其中，在还原的基础上又富有了新意，引起了广大用户的关注与讨论，为乐高产品的销售带来了促进作用。甚至于乐高还就某些题材对内容进行了深入挖掘，在剧本改编后制作成了大电影在影院上映，令乐高这个品牌深入人心。

图 9-17 乐高版漫威短视频

乐高的成功体现了企业在与 IP 的合作过程当中一定要注重内容的打造。植根于原有 IP 的故事基础之上，佐以企业产品本身的特性完成包含全新内容的短视频，这样才能让用户在观看的时候产生意外感，愿意继续看下去。用优质的短视频内容打动用户才能体现出企业的文化价值，形成良好的口碑。

9.3.3　携程"遇见另一个自己"旅行家系列微纪录

随着生活水平的不断提高与交通的不断发展，旅行逐渐从一种奢侈的享受变为了普通收入人群也可以消费得起的娱乐活动了。携程在 2017 年 2 月举行了一个名为"遇见另一个自己"的旅行活动，在该活动的宣传期间，携程邀请了知名的旅游达人录制了短视频，并且在网站的首页开辟了一个板块，专门投放这些短视频，该活动一经发起就引起了很大的反响，如图 9-18 所示。

图 9-18　携程"遇见另一个自己"

由于旅行这一活动逐渐平民化，现在旅游的主体力量都是一些工薪阶层，这些人平日里工作繁忙，并没有充足的时间去观看关于旅游的视频，而这次的短视频活动恰好弥补了这一空缺，使其可以在上下班途中等碎片时间里观看。旅行家拍摄的这些短视频对于不常去旅游的这一部分群体而言，可以在极短的时间内就让他们感受到其他地方景色的魅力。这一部分人也就是这次短视频营销中最容易争取到的那一部分用户了。

携程的这次短视频营销，似乎让旅游从难变为了易。每一段旅行都有其独特的意义，通过旅行家的短视频分享，观众产生了一种身临其境的感觉，真正有了参与感。尤其是当"遇见另一个自己"这个短视频营销以一个系列表现出来的时候，会持续地吸引用户的注意，使得活动热度不断攀升，造成越来越强烈的影响。

通过这样的方式，携程令用户对此产生了共鸣，从而引发了这一部分用户的消费冲动，带动了在携程报旅行团的人数的增长。所以说"遇见另一个自己"在这一旅行家短视频活动中不仅仅是一句口号，更多的是一种系列短视频营销的理念。

携程通过这次旅行短视频的营销，找准了自己企业的定位，依照这种定位在满足用户需求的基础上使其产生对旅行的期待感与好奇感，从而使得营业额不断上升。短视频营销作为一种新媒体中的营销手段，在当下网络社会中已经越发地常见了。因为它不再是独辟蹊径的手段和方法，所以企业在使用的时候一定要注重创意的使用以及对其内容的打造，越深刻的内容也就越容易令用户产生认同感。

通过短视频来进行营销，最讲究的也就是主题、内容与想要营销的产品相匹配，在有了足够的匹配度再加上从细节场景上大胆的创新，巧妙地将运营理念融入其中，佐以合适的平台进行推广与传播，一定能够实现良好的运营推广效果，从而在目标用户群体中留下深刻的印象，达到其目的。

第 10 章

不同门类短视频的运营策略

在各个平台上短视频的类型是多种多样的，其针对的目标用户群体也各不相同，当一个短视频团队进行运营的时候要根据作品自身的特点来确定不同的策略，这样才能给用户留下深刻的印象，从而起到最好的运营效果。本章就来讲解一下不同类型的短视频在运营过程中的不同策略。

10.1 "吐槽"段子类：言辞犀利却不失趣味

"吐槽"类短视频是非常受用户喜爱的一种形式。"吐槽"是日语中"ツッコミ"的翻译，指在他人的话里或者某事中找到一个切入点进行调侃的一种行为。由于"吐槽"在使用好的情况下可以为用户带来极大的乐趣，所以被许多短视频团队采用，制作出了各种形式的"吐槽"类短视频。

10.1.1 针对流行热点，"吐槽"点要狠、准、深

想要完成一个"吐槽"段子类的短视频，首先需要具备一个段子成熟的脚本。每一期短视频的脚本都要参考当时的热点话题进行幽默的改编，这样创作出来的内容才能更加贴近用户的日常生活，使得用户产生共鸣。在脚本完成后，制作视频的过程中还需要注重技巧，"吐槽"需要一定的节奏感，根据预估的用户的反应把握语气中抑扬顿挫的变化可以使得用户的注意力更加集中。同样的一件事由不同的人说出也会起到不同的效果，"吐槽"者对于技巧的把握应该加以锻炼。

想要完成一次好的"吐槽"，如图 10-1 所示，一定要做到狠、准、深。

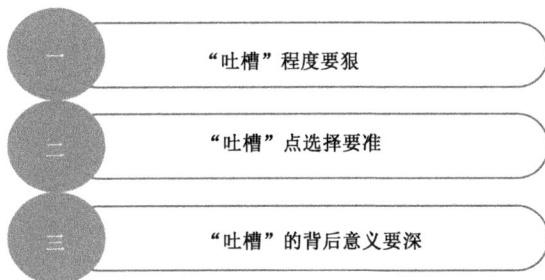

一	"吐槽"程度要狠
二	"吐槽"点选择要准
三	"吐槽"的背后意义要深

图 10-1　如何完成一次成功的"吐槽"

1．"吐槽"程度要狠

"吐槽"实质上是对他人话语或者某个事件中的薄弱点发起的一次进攻，作为进攻，必须要让用户看到成果才能使其心满意足。太过客气的"吐槽"起不到其应有的效果，会使得观众在观看的时候感觉不到其中的乐趣，从而觉得索然无味，起不到产生共鸣的作用。"吐槽"的程度必须要狠，但也不是越狠越好，在这过程中要把握一个尺度。

"吐槽"的程度虽然要狠，但是不能失去其幽默感，如果只是一味地说"狠话"，就变成了对他人的贬损，这不是"吐槽"所真正应该表现的东西。"吐槽"类短视频的本质还是一种对段子的特殊表达，虽然需要程度狠来达到令观众满意的目的，但是绝不能将伤害别人变成达到目的的一种手段。

2．"吐槽"点选择要准

"吐槽"点是一次成功的"吐槽"段子类短视频的核心，在选择的时候需要"吐槽"者充分了解被"吐槽"的人或事的根本特点，之后再加以找寻，根本的特点可以具现化为被"吐槽"人或事的一种代表形象，也是在用户心中留下的最深刻印象，如果"吐槽"者没能找准"吐槽"点，而是选择了一些无关痛痒的内容，反而会被用户在观看后"吐槽"。

"吐槽"点的选择也是对"吐槽"类短视频制作者的业务水平的一次衡量。如果连"吐槽"点都选择不准，用户很可能会怀疑制作者的水准，对该短视频失去兴趣，并且在其心目中留下了不好的口碑。"吐槽"点的精准选取是吸引用户的一个必要部分，越精准、越有代表性，其传播就越迅速。

3. "吐槽"的背后意义要深

"吐槽"类短视频虽然是为了能给用户带来欢乐才制作的，但是能够形成生命力持久的系列短视频作品，所依靠的绝不仅仅是搞笑。"吐槽"是一种手段，其表达出的是一种客观现象，但是背后所蕴含的却应该是深刻的道理。

图 10-2 所示是网络上被广泛转载的从《吐槽大会》这档综艺节目中截取的短视频片段中的一段"吐槽"。"吐槽"者是李诞，一个知名的"脱口秀"段子手。他"吐槽"的对象是赵英俊，一个歌手，其创作并演唱过《大王叫我来巡山》等脍炙人口的电影主题曲。许多电影都拿下了不错的票房，有些网友就将其归功于赵英俊的主题曲，于是就有了图10-2 的李诞的"吐槽"。

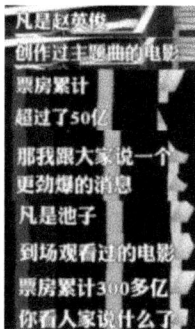

图 10-2　李诞"吐槽"赵英俊

用户在初看到这段"吐槽"的时候只会因为其幽默夸张的方式会心一笑，然后变成讲给亲戚朋友的一个段子。但在细想回顾之后才会发现，李诞其实是对如今演艺圈当中某些"流量"男、女演员发通稿宣传电影的高票房都归功于自己的这种现象的一次辛辣的讽刺。李诞抓住了热点问题，以巧妙的手法"吐槽"出来，既让用户觉得搞笑又不会显得太过直白生硬，体现了"吐槽"应有的效果。

10.1.2　"吐槽"格调具有趣味性

有的人认为"吐槽"这种表现形式庸俗、格调较低，但是实则不然。"吐槽"时的用语虽然比较浅显直白，但是其蕴含的道理却并不简单，"吐槽"只是用一种能够令用户感到更加轻松的方式来阐明自己的观点。现今社会中的竞争激烈，用户的生活压力较大，过于严肃的观点表达有时难以使其集中心神，但是"吐槽"却可以使其在欢乐中得到想法的交流。所以说，短视频制作者在创作的过程中一定要注重"吐槽"的趣味性。

如图 10-3 所示，暴走大事件是一档每周五更新的播报类短视频节目，其每一期都会针对当今的热点问题来进行"吐槽"。由于其语言的幽默、对于事实"吐槽"的一针见血，深受广大用户的喜爱。

图 10-3 暴走大事件

暴走大事件由于是对一周话题的梳理，所以与其他短视频不同，往往需要更长的一段时间，但是其针对每个事件的"吐槽"都是独立成段但又内含联系的，用户将其拆分成几段观看也并不影响其观看效果。暴走大事件中常用的"吐槽"方法有两种：恶搞改编与经典语录的创造。

1. 恶搞改编

暴走大事件在《中国有嘻哈》这档节目最火的时候曾经做过一期短视频，借助该节目的形式来对社会上的一些现象进行"吐槽"，其中最令用户感觉到好笑的是其中一段针对某些学校在评选助学金的黑幕的剧情编排。

针对这一现象的"吐槽"与用户的生活较为接近，用户在生活中多多少少都看过或者听说过这一情况，所以当以《中国有嘻哈》的形式表现出来的时候，就会令用户在好笑的同时产生共鸣，留下更加深刻的印象。恶搞改编虽然名为恶搞，但是其还是在真实现象的基础上加以戏剧性创作与改编的，体现出的还是普通用户的身边事，能够令其更加认同。

2. 经典语录的创造

暴走大事件的吐槽过程当中创造出了许多网络流行语，"我和我的小伙伴都惊呆了""呵呵哒"等都可以从中找到出处。这些经典语录的创造有些是有心，有些是无意，但是在用户群体中同样取得了很好的反响，在网络平台上时常有网友加以使用，都体现出了其"吐槽"的深入人心。

经典语录的创造往往依靠在较短的"吐槽"过程中反复提到某些具有一定情

感色彩的词句，这样的不断重复可以制造出一个记忆点，不断加深用户的记忆，在用户以后想起该语录的时候，自然地就会在脑海中回顾当期"吐槽"的笑点，从而牢牢把握住这些用户，避免出现用户大量流失的情况。

暴走大事件系列短视频的成功体现了用户对于有趣味性的"吐槽"的需求。这种"吐槽"不仅要结合热点，在创作过程中还要有一定的写作功底，运用各种手法使得每个段子中含有不同的笑点，雅俗共赏，最大限度地扩展了用户群体，从而起到良好的运营效果。

10.1.3 咪蒙：狠掐读者的"痛点"

咪蒙是一个知名的女作家，其微博"粉丝"截止到 2018 年 1 月已经超过 250万，可以说是如今当之无愧的"网红"。她经常创作一些情感类长微博来打动读者，引起共鸣，如图 10-4 所示。其文章内容中提到的最多的关键词就是朋友、女生与男生，从中可以看出其主题是围绕着两性关系向外延展的。

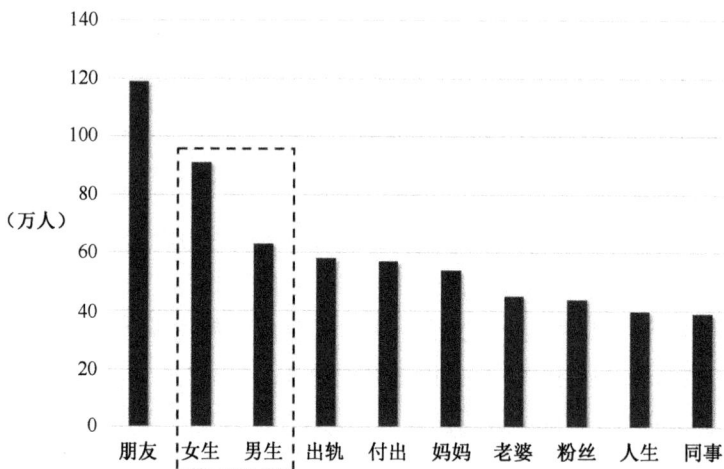

图 10-4　咪蒙文章关键词出现频率

探讨两性关系的作家如此之多，咪蒙之所以能够从中脱颖而出，是因为她戳中了读者的"痛点"，说出其心声。可以说咪蒙所代表的不仅仅是单纯的一个作家的身份，更是一种对社会现象发声。咪蒙的文章大多由短句组成，方便用户在上下班的路上进行快速阅读，并且其文风辛辣，直指重点，让用户在看完拍手叫好的同时还会引发一定的思考。

在 2017 年 5 月，咪蒙携手爽身香体品牌舒耐拍摄了其首部短视频《见人法则》（见图 10-5）。咪蒙在这部短视频当中依旧秉承着自己过去的理念，表现出了一名女性在职场、爱情、友情当中如何正确处理纷杂的关系，并且通过剧情的巧妙编排，将舒耐所要表达的理念植于其中，达到了宣传产品的目的。

图 10-5　《见人法则》

舒耐之所以选择与咪蒙合作，也与其用户群体有关。如图 10-6、图 10-7 所示，咪蒙的"粉丝"大多是 90 后，女性更是占到了 85% 的高百分比，这种"粉丝"的构成与舒耐的目标用户群体高度一致，所以舒耐与咪蒙进行合作是一个将其"粉丝"当作潜在用户群体进行转化的过程，可以利用咪蒙在用户心目中的影响力起到最高效的宣传推广效果。

图 10-6　咪蒙"粉丝"年龄分布

男性粉丝：15%

女性粉丝：85%

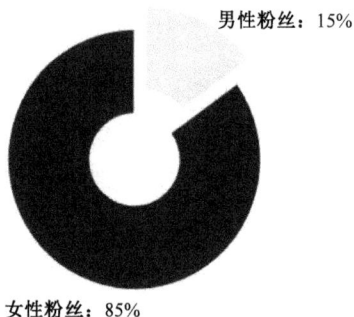

图 10-7　咪蒙"粉丝"性别分布

　　咪蒙的文章一直以犀利的"吐槽"著称，在该短视频的桥段编排过程中也同样体现了她的这一特点。咪蒙的"粉丝"多是涉世未深的小姑娘，她们对于职场、爱情、友情中突发的各种情况应该如何处理还存在着许多迷茫，这一部分用户可以从咪蒙的犀利"吐槽"当中学习到很多方法，并运用到生活当中，所以在其心中对于咪蒙有很高的信任度，于是短视频想要表达的理念也很容易就可以被该用户群体所接受。

　　在短视频过程中，多次出现了舒耐的爽身香体喷雾，表达了干净清爽比外在的容貌等表象更加重要的理念。这对于该用户群体而言是符合其价值观念的。干净清爽表面上是在说舒耐喷雾所带来的效果，但其中蕴含着一种对精致美好生活的向往，与这些用户的内心导向不谋而合，可以在其中引起广泛的共鸣，达到良好的宣传效果。

　　咪蒙的"吐槽"文章里喜欢运用"我们"这个称呼，将其与读者的距离最大限度地拉近，从而使得读者更容易产生信赖感；并且她还经常从身边人取材，以夸张等手法表现出来，让读者既觉得熟悉又感到有趣，真正做到了用心打动读者。在这个短视频当中也是同样的道理。短视频中选取了面试、告白以及被闺蜜信任这三个日常的场景，以较为夸张的方式演绎出来，使得用户在观看过后既觉得有趣又觉得与自己的生活极度贴近，使其对产品同样产生了信赖感，达到了产品通过与咪蒙合作进行运营的原有目标。

　　除了专门拍摄的视频短片以外，咪蒙的公众号文章最后也经常会插入商品的短视频推广。对于不同的商品，咪蒙会放在不同类型的文章下方。于是整篇微信文章也就变成了该商品短视频的文案。这与传统的短文案不同，咪蒙的文章中往往不会直接提起商品，而是从生活中取材，讲述一个或者多个故事，这样能够更好地引起用户的阅读兴趣，从而起到更好的推广效果。

10.2　生活类：观看生活的不同颜色

生活是每个用户每天都必须面对的事情，他们习惯于自己的日常生活的同时也会对他人的生活产生一定的兴趣，生活类短视频就将他人的生活浓缩成了短短几分钟，抓住某个场景的特性，将别人的生活展现在用户眼前。在运营上，生活类短视频也需要选取不同的方法，在贴近用户生活的同时还要为其带来新奇的感受。

10.2.1　深入挖掘生活场景，激发深度共鸣

生活类短视频是根植于每个普通人的日常生活当中的，这类短视频正是在最普通的小处加以深入挖掘，营造出美的氛围来感染用户，使得用户在享受的同时还能够产生共鸣。短视频中所表现出的对于生活的理解就是用户所想拥有的生活的缩影。

图 10-8 是《日食记》这个系列短视频中所体现的场景的缩影。《日食记》是一部与美食相关的系列短视频，每一期所展现的都是一个全新的菜式的做法，但是用户从中所感受到的，更多的却是一种情怀。《日食记》中选用的场景往往都非常唯美，再加上精致的厨具餐具和偶尔出镜的萌猫一只，可以说是许多用户梦寐以求的生活。

《日食记》所传达出来的是一种理念：生活也可以是这样的。用户由于学习、工作的繁重以及精力的有限，在日常生活中所投入的心血或许并没有很多，繁忙的日常生活也使其没有心情精心打造生活的场景，但是在其心里，对于《日食记》所表现出的精致生活还是有所向往的，所以这些用户在观看的时候就会被激发起认同感，从而达到不错的营销效果。

图 10-8　日食记

生活类短视频的最大难点就是怎样从日复一日的普通生活中选取一个足以打动用户的适合切入点。短视频团队想要选好这个切入点，必须要用心地观察生活。普通人的生活虽然是类似的，但是每一个都存在其特殊点，团队的前期工作就是将这个特殊点寻找出来，然后再通过场景道具的选取步骤而将其具现化，以做到让用户在点开短视频之后，能够迅速理解团队所想要表达的全部思想。

生活类短视频为了能够使得用户产生共鸣感，在场景的选择上一定要贴近日常，场景可以适度地美化，但是绝不可以过于豪华以至于脱离生活。如果这样会使得观众产生分裂的感觉，从而难以起到策划中的预期效果。

生活类短视频也无须拘泥于家中，像办公室、教室等地方也同样是用户在生活中离不开的。在地点的选取上，短视频团队应该发散思维，不断创新，以另辟蹊径的方式使得用户感到新颖，但是这个地点必须是最大程度上的用户群体日常会接触到的，这样才能更好地激发出用户的共鸣感。

10.2.2　一条：打造中产阶级的生活方式

一条是由《外滩画报》前总编徐沪生所创办的专注于生活类短视频的新媒体。一条针对的用户群体是注重生活品质的中产阶级，所以选取的场景也往往与此相关。一条与其他注重内容、接地气的短视频不同，走的就是高端路线，这就弥补了短视频行业内的这一部分缺口，很快就获得了用户的认可与喜爱。

中产阶级的生活是一个抽象的概念，中产阶级指的是收入处于中等水平的一个阶级，其生活模式更是很难具体下一个定义，在一条的短视频当中泛指为一种富含美学的高品质生活方式。一条的短视频更是突破以往领域内的固有观点，制作成了一种"杂志化短视频"，即使用缓慢的镜头切换以及对场景摆设的高要求，力求每一帧截图下来都像是一张明信片，真正使得用户在观看短视频的同时获得美的享受。

图 10-9 所示为一条的 LOGO，设计简单清新，以黑白作为主体色调选取，不加其他色彩图案的修饰，体现出了一条的文化内涵：简单而精致。徐沪生在定位一条的过程中也经历了

图 10-9　一条 LOGO

很长时间的调查研究，一开始他本想制作以人为主体的短视频系列，但是由于在操作过程中遇到许多难以解决的问题，最后还是放弃了这一想法，而在他和他的团队经过讨论研究过后，最终还是选择了其最擅长的部分作为主题。

一条之所以选择中产阶级作为其目标用户群体，与其创始人是分不开的。正如上文中所提到的，想要做好一个生活类短视频，首先就要对这种生活有足够的了解。徐沪生正是由于其生活在这一阶级中，才能通过短视频来表达出自己从这样的生活中观察到的体悟，从而做出真正打动用户的内容。

徐沪生在一条稳定发展的过程中曾经连续两周、一共花费了 400 万进行短视频的运营推广，这是非常具有魄力的一种行为。他之所以这样做，是看到了短视频的运营从根本上要依靠用户的认可，而想要让用户认可，首先要令其看到。生活类短视频在运营的过程中必须要注重推广的效果，大范围的广告投放虽然会产生较多的成本，但是在吸引来用户之后很快就可以回本，并且对未来的发展也有着极大的好处。

在一条获得了许多用户的认可之后，徐沪生还建立了一个名为"一条生活馆"的电商网站，如图 10-10 所示，其上出售的商品种类多样，分类详细，在一条生活类短视频中所提到的商品都可以在这里买到，这样一条就找到了一种除了接广告以外的短视频变现方式，从而保证其能够顺利运营。

一条短视频覆盖了生活、潮流、文艺等中产阶级用户所关心的方方面面，这使得中产阶级用户可以在其中寻找到自己生活的缩影，其他阶级的用户可以通过该短视频了解这个阶级的生活是怎样的日常。团队在制作生活类短视频的时候，应该选取与自己的生活更加贴近的类别，这样完成的作品才能让用户在观看后觉得真实。而真实往往是最能够打动观众、引起强烈共鸣的那一部分。

首页	特惠	服饰	饰品	美妆	洗护	母婴
数码	家电	家居	家具	器物	运动	旅行
餐厨	美食	图书	文房	宠物	礼物	全部

图 10-10　一条生活馆

10.3　访谈类：展现真实的想法

用户对于自己所关心的人的生活总是有着诸多好奇的，无论是对于普通人还是自己喜爱的名人。普通用户与名人的距离较远，对于名人也没有渠道可以了解，而访谈类短视频就为用户提供了一个了解的机会，通过短短几分钟的聊天，用户可以从只字片语当中知道自己的陌生领域中他人的真实想法，丰富了见识。这也就是访谈类短视频的魅力所在。

10.3.1　话题策划热门有料

访谈类短视频在策划阶段里最重要的部分就是话题的选取。一个好的话题既要令嘉宾有话可聊，又要贴近用户关心的热点，从而使其有意愿进行观看。访谈类短视频的话题选取有两种方法：一种是根据参与嘉宾决定话题，另一种是根据话题选择嘉宾。前一种的话题可以为嘉宾量身打造，而后一种就需要能够令嘉宾发散性思考的了。

1. 根据嘉宾决定话题

这一类的访谈类短视频在确定下嘉宾以后，要充分对该嘉宾的身份、经历进行深入的挖掘，然后选取出最有爆点、用户最感兴趣的部分来作为话题，这样才能既使得嘉宾有话可说，又使用户看得满意。

图 10-11 是姜思达创办的一档访谈类系列短视频《透明人》。姜思达是爱奇艺

策划的一档辩论类综艺节目《奇葩说》中很有人气的一位辩手。《透明人》是其自《奇葩说》之后的首档自制访谈类短视频。《透明人》颠覆了以往访谈类节目的形式，以短短的 5 到 13 分钟的时间进行一期快速访谈，省略掉不必要的寒暄，直指用户最关心的问题。

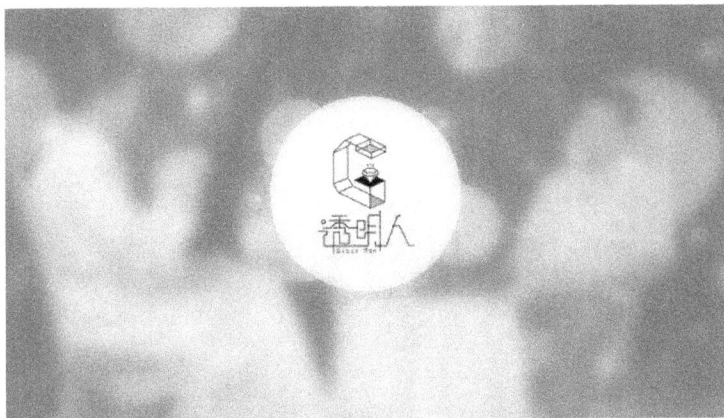

图 10-11　透明人

姜思达的短视频访谈节目请过鹿晗的经纪人、papi 酱、"网红"工厂的老板，也请过打拐组织创始人、替孩子相亲的父母以及明星的狂热"粉丝"。其嘉宾既有名人又有普通人，从用户所想了解的方方面面来进行话题的策划，让用户破除偏见，了解到这些嘉宾最真实的一面。这些嘉宾所代表的是自己，同时也是一种身份、一种行业。用户对于他们的生活感到好奇却又没有渠道去了解，《透明人》的出现刚好帮他们满足了好奇心。

《透明人》每一期的视频虽然简短，但是体现出来的道理却值得用户深思，同时也值得其他短视频团队深思。在这种根据嘉宾来决定话题的访谈类短视频中，话题的选取一定要和嘉宾的生活相贴合，要使得嘉宾能够从其上深入挖掘，越有深度的话题就能越体现出嘉宾的特质，也就能让用户从中了解学习到更多。

2. 根据话题选择嘉宾

在根据话题选择嘉宾的这类访谈类短视频当中，话题的选择上除了同样需要贴近热点以外，还应该具有可以多角度分析的特点，这样在嘉宾接受邀请来参加访谈的时候才可以选取自己认可的方面进行阐述，从而使得用户可以了解到其真实的想法。

如图 10-12 所示，圆桌派是由著名媒体人窦文涛打造的一档访谈类短视频节目，每一期选择一个主题，然后邀请三个嘉宾前来以聊天的方式阐述各自对于该主题的看法。圆桌派的时长较长，这就保证了每一位嘉宾都可以将自己的想法表达完全，用户也可以从中了解到不同人对待同一件事的不同看法，从而引发思考。

图 10-12　圆桌派

窦文涛作为资深名嘴，在这个访谈中担任了主持人的角色，他虽然也会表达自己的见解，但是同时也要肩负照顾好其他嘉宾的重任。圆桌派选择的每期话题，例如匠人、"网红"、八卦等既是用户所关心的，涵盖范围又比较宽泛，不同知识层次、不同背景的嘉宾在访谈中可以结合自己的生活来分析，这就是其话题选择的成功之处。

根据话题选择嘉宾的时候，话题必须要有广度，绝不能局限于某个小的观点之上，只有这样，不同的嘉宾才能够充分地参与进来，否则就会出现无话可说的尴尬局面。当嘉宾在访谈中围绕着一个话题各自说得天马行空却又富有道理的时候，用户在观看后才能进行自己的思考，选择自己支持的嘉宾，并在网络平台上加以讨论，从而起到短视频推广的作用。

10.3.2　访谈者颜值增加可看性

在访谈类节目当中，除了被访者的真实想法之外，其颜值也是一个看点。对于用户而言，高颜值的嘉宾自然有很强的吸引力，因此，短视频团队，尤其是制作街头访谈类短视频的团队，最后制作出的成品，被访者往往颜值都比较高，从而获得用户的喜爱。

《拜托了学妹》就是这样一个街头访谈类短视频系列，每一期都选取几个热点话题，在街头随机访问行人对此的看法，最后再将收集到的素材加以整理，并进行后期处理，完成一期短视频进行投放，最终选择的片段也大多偏向于颜值较高的被访者。

对于颜值，网络上往往有些不客观的评价，有的网友认为高颜值的人通常都不会太有思想。但其实这是一种歧视行为，一个人的知识储备量与其容貌是没有任何直接联系的，而且对高颜值嘉宾的访谈短视频越来越多也使得这个谣言不攻自破。在这一类的短视频当中，用户不仅可以了解到他人对于某个话题的想法，同时还能够感受到对美的欣赏，大大增加了可看性，可谓是一举两得。

访谈类短视频的成功与否，最终的决定性因素还是其对于话题的选取以及嘉宾的现场发挥情况。颜值只是锦上添花，如果一味地追求高颜值而舍弃访谈中最重要的内涵，也就本末倒置了。颜值对于一期访谈类短视频虽然不是必需的，但是在兼顾访谈质量的同时选取高颜值，可以更容易制造话题，使得短视频的运营过程更加顺利。

10.3.3　《歪果仁研究协会》：看"歪果仁"如何玩转中国

《歪果仁研究协会》（简称《歪研会》），是一档于 2017 年 1 月开始制作的访谈类短视频节目。其主创高佑思是一个出生在以色列的犹太人，因为留学而来到了中国。在感受到东西方文化的碰撞，以及"网红"文化的影响下，高佑思萌生了制作一档短视频节目的念头。于是，如图 10-13 所示，就诞生了《歪研会》。

图 10-13　歪果仁研究协会

《歪研会》每期短视频选取的问题都是用户最关心的由于中外文化的不同所带来的差异。《歪研会》在短视频内容的编排上注重探讨外国人对中国文化、现象的深度见解，以此来体现不同文化背景下的人们对于同一件事的不同思考方法，让用户对于外国人的思维方式有更加深刻的了解。《歪研会》这档访谈类短视频节目能够深受用户的喜爱，有以下几个原因。

1.选题反映用户需求

随着通信科技的不断发展，国内外的联系也变得更加紧密，但是由于资金或者时间的问题，许多用户暂时还没有机会出国感受当地的风土人情，于是其对于外国人的所见所感就抱有极大的好奇心，《歪研会》的出现恰好可以满足这些用户的这部分需求。

《歪研会》早期的短视频诸如"整蛊那些事儿""赞美说说呗"等都是访问外国人对于生活中常见的一些小事的看法，并且询问理由，这样可以使得用户在观看之后能够更加清晰地认识到其思维方式的来源，充分满足了好奇心。

2. 增强用户民族自信心

由于历史原因，往往有很多人觉得"外国的月亮比较圆"，但是随着中国的发展，现在已经不是那样的局面了。歪研会从外国人的角度来看待中国，访问外国人生活在中国的感受，从谈话中表现出了外国人对于中国的喜爱以及愿意在中国长期居住的想法，破除了老观念带给用户的固有认知，提升了用户的自信心及民族自豪感。

这些被访问的外国人像中国人一样生活娱乐，在日常生活中努力融入中国文化，就与中国人在外国留学工作时所要做的一样，这令用户意识到融入当地文化不是因为自己国家怎么样，而只是为了能够方便地生活。再加上有很多被访者从方方面面肯定在中国生活的便捷性，以及表达自己愿意一直生活下去的欲望，让用户从侧面更加认同了自己的国家，激发了民族的自信心。

3. 访问者得到用户喜爱

《歪研会》的访问者高佑思颜值较高，中文流利，虽然还是会带有一些口音，但是这无法阻碍用户对他的喜爱。高佑思在访问过程中表达方式幽默的同时还体现出了自己的价值观，获得了用户的认同。

高佑思能得到众多用户的喜爱，还源于他是认真在做这个短视频节目。无论是选题还是实施过程中，都可以看出他对于中西方文化都有一定的了解，并且还做了许多前期准备，对于用户的"痛点"都有详尽的了解。《歪研会》这类访谈短视频节目不仅仅是用户对于外面世界加以了解的通道，也是改变网络上中西方交流模式的桥梁。

10.4　电影解说类：提供选片便利

电影解说类短视频是新兴流行起来的一种短视频形式，短视频团队通过短短几分钟对电影的大致讲解，使得用户对此部作品有了一个初步印象，再根据此来决定是否去看原作，为用户提供了选片便利。但是想要运营好一个电影解说类短视频，也是需要很多技巧的。

10.4.1　创新推介和解说形式，令人耳目一新

电影解说类短视频是在快餐文化日益兴起的背景下诞生的，由于其时长较短，便于用户在碎片时间里观看，所以受到了广大用户的认可与喜爱。现在短视频领域内专注电影解说的团队数不胜数，但大致分为两个类别：独立电影解说及分类电影盘点。

1. 独立电影解说

独立电影解说往往是由解说者选择某一部电影，进行从头到尾的讲解。电影选取上，通常根据用户的需求选择当下的流行电影或者过往的经典电影。讲解的方式可以根据解说者的个人习惯来进行调整，形成个人特色。如图 10-14 所示，谷阿莫就是独立电影解说中非常有个人特色并且深受用户喜爱的解说者。

《谷阿莫说故事》是由谷阿莫本人制作的一个电影解说类系列短视频，每一期都是选取一个电影，配合其特有的经过处理的噪音，让用户在了解电影剧情本身的同时还获得极大的乐趣，这就是为什么谷阿莫会受到用户欢迎的原因。

谷阿莫的解说较为正统，虽然也会按照自己的理解来阐述剧情，但是大致还是会按照剧情的基本走向来进行讲解，这对于想要了解电影本身的用户来说是非常适合的。许多用户选取谷阿莫的原因都是既想要知道电影讲述了什么，又没时

间或者不想独自去观看，从谷阿莫这里既可以快速了解剧情又可以有被他人陪伴的感觉，一举两得。

图 10-14　谷阿莫说故事

除此之外，谷阿莫还在电影解说的过程中金句频出，"科科"与"厚"这两个他常用的语气词也成为其代表，制造出了记忆点，使得用户一看到就会想起他，从而不断加深用户的印象，起到了有效的推广运营作用。

想要制作独立电影解说，解说者首先要对此电影有足够的了解。电影解说就像是视频化的影评，虽然带有个人色彩，但是好的影评必然是建立在对电影的充分解读上的，电影是一种文化，只有深入其中了解透彻，所输出的东西才能真正体现其内涵，从而使得观众理解并认可。想要制作出好的电影解说短视频，必须要做到这一点。

2. 分类电影盘点

每个用户在看电影的时候都有自己的取向偏好，往往会偏爱某一类的电影，在选片的时候也会倾向于选取这一类的电影。但是由于电影总量较大，用户难以在其中快速筛选出来，而分类电影盘点类的电影解说就帮用户解决了这个苦恼。

《电影最 TOP》就是这样一个分类电影盘点类解说。《电影最 TOP》根据用户在评论中所提到的电影类型来进行影片的筛选分类，制作出不同专题的短视频来满足其需求。每个专题都选择了大量的同类影片进行盘点排名，抓取其最大的闪光点来引起用户的注意。

电影盘点本身还是属于解说的一种，所以在内容的安排上必然体现出了解说者的观点看法。对于影片的好恶是一种非常私人的感受，解说者不推荐的片子并不意味着其就不值得一看。但是往往有些用户在看到自己喜欢的片子没能上榜的时候，会在评论中表达不满，这就带动了用户的参与，从而增加该短视频的曝光度。

分类电影盘点要求解说者的阅片量要非常大，无论是冷门电影还是热门电影都要涉猎，不管自己喜不喜欢都要坚持看完并且从中进行有效信息点的提炼。所以往往分类电影盘点短视频都是由一个团队来进行制作的，这样才能做到兼顾质量与效率，满足用户的需求。

在确立下要制作哪种类型的电影解说之后，在短视频制作的过程中还有许多要注意的地方。电影解说类短视频在运营的时候最重要的一点就是要使用户有记忆点，有独一无二的特色才能一次就被观众记住，而想要形成特色还需要一些技巧，如图 10-15 所示。

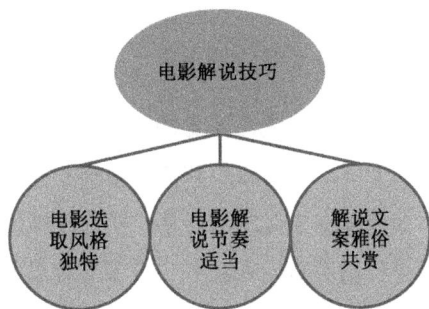

图 10-15　电影解说技巧

（1）电影选取风格独特

电影的种类千千万万，每一类都有其独特的魅力，但是解说者在最早开始制作短视频的时候还是应该专注某一类较好，这样才能针对目标用户群体来进行前期策划，形成个人风格，从而吸引来首批用户。

电影中有好片自然也有烂片，这两种在电影解说领域内都是有一定市场的。对于好片，用户想要了解其故事脉络及内涵，这就需要解说者条理分明地逐步分析，深入浅出，从各个角度使得用户能全面地了解。

而烂片本身的观看价值较低，剧情发展大多也不合逻辑，使得他人难以观看。用户虽然不喜爱这类片子，却对其抱有好奇心，但又不值得浪费那么长时间去观看。这时就体现出电影解说类短视频的价值了。解说者在短短几分钟时间内运用犀利的"吐槽"以及幽默的表达方式，可以令用户在满足好奇心获得乐趣的同时还节省了时间，自然会受到用户的喜爱。

（2）电影解说节奏适当

电影是一门艺术，每一部电影中都体现出了导演对于故事及美的理解，电影解说作为原作的一个缩影，也应该具有相同的特点。解说者在解说过程中应该因片而异，不能所有的电影都采取同一个解说的模式。

电影解说与普通影评相比，优势就在于其可以从音画两个方面同时带给用户以享受，所以说声的方面一定要与画相符，也就意味着解说者在解说过程中的节奏应该与原作相同。抒情浪漫的电影应该将解说节奏放慢，而激烈紧张的则需要将节奏加快，这样才能让用户在观看的过程中不会产生音画分离的感觉。

（3）解说文案雅俗共赏

一个电影解说的文案既要突出电影本身的重点又要突出个人的特色。由于用户的多样性，电影解说的文案必须要雅俗共赏，这样才能令每个用户在看过该短视频之后都觉得有趣。如果文案太过艰涩难懂，就会使得用户失去兴趣，而如果太过低俗又会使观众有不好的感官，在这其中需要对程度有所把控。

电影解说的文案可以采用名句改编或者重复强调的方法来制造"金句"，形成用户记忆的关键点，从而使得用户在分享推荐的时候可以直击重点，快速形成规模性传播，从而获得良好的运营效果。

10.4.2　瞎看什么：真人为你联播电影

瞎看什么（见图 10-16）是电影解说短视频中非常特别的一个团队。瞎看什么每一期以"虾菌""虾酱"一男一女两位解说在模仿新闻联播式的演播厅进行开场，由于其形式新颖、内涵丰富，获得了广大用户的喜爱。下面就来说一说瞎看什么是怎样进行运营的。

图 10-16 瞎看什么

1. 电影选片经典

瞎看什么进行的是独立电影解说，但是它与其他这类电影解说不同，瞎看什么选取的影片往往与热门影片无关，而多是一些经典老片。在电影解说这一市场当中，这一部分是存在空缺的，经典之所以能够成为经典，就意味着其永不会过时，用户在此处总是有需求的。

经典影片由于需要结合当时的时代背景来进行解说，所以难度往往较大。而且由于拍摄手法和如今也多少存在差异，所以团队在进行解说的时候就需要进行再处理。而瞎看什么在这一部分完成得非常好，既不会失去原片的韵味又为其赋予了自身的特色，在用户脑海中留下了深刻的印象。

2. 文案再创作

文案是一个电影解说短视频的灵魂，瞎看什么的文案可谓非常强大。瞎看什么与大多数电影解说按部就班的解说方式不同，其对每个解说的电影都经过了二次创作，提取出原片的主要思想，然后重新进行编写。其中最难能可贵的就是既不会失去该电影原有的经典，又用能令用户忍俊不禁的方式表现出来。

除了对于电影的二次创作以外，瞎看什么还制造了诸多金句。例如在《看了 100000 部电影，才杀死一个孩子》这一期中，其解说的电影名为《误杀瞒天记》，讲述的是一个父亲在其女儿误杀了一个强迫自己的男人后帮她瞒天过海的故事。

其中在对于父亲通过误导他人时间来制造不在场证明的这一段解说中，瞎看什么写出了"他们二号去听经，晚上去旅店，三号去餐厅，然后看电影"这样的文案，并且通过不断地重复，使得用户对于这段朗朗上口的文案留下了深刻的记忆。然后用户就会在各大社交平台上不断提起这段文案，引起其他用户的好奇，从而达到了很好的运营效果。除了这段话以外，"缘，妙不可言"以及"场面一度陷入尴尬"甚至成了网络中的流行用语，对该电影解说短视频起到了二次宣传的作用。

3. 黑色幽默引发思考

由于瞎看什么选取的多为经典影片，所以在题材上往往比较沉重。用户对于沉重的电影在接受程度上并不是很高，一般的解说也会因为被气氛所影响而显得略微无聊。而瞎看什么却另辟蹊径，以黑色幽默的方式解读电影，使得用户在欢笑中引发思考。

瞎看什么对于原作的剧情往往会在不违背其精神的同时植入一些笑料，运用频繁的笑点来避免用户被沉重的题材所影响。除此之外，瞎看什么还会间接使用一些热点事件来引起观众的共鸣。

以《当一个死龙套遇上了最难搞的处女座》这一期为例，瞎看什么解说的是《盗钥匙的方法》这部影片，讲的是一个杀手和一个经常失败的人之间因为种种巧合而发生意外的啼笑皆非的故事。瞎看什么给严谨的杀手赋予"处女座"的身份，刚好与当时网络上"吐槽"处女座的风潮相结合，巧妙地隐喻了这一热点话题，并且在讲解过程中用幽默的手法使得用户开始思考如此评价处女座是否是正确的。

电影解说短视频与其他内容完全原创的短视频不同，其是植根于电影原作的内容当中的。这就意味着这一类短视频在进行运营前首先要注重内容的打造，甚至于其内容本就是运营的一部分。用户所需求的如果都在其中得到满足，自然会在极短的时间内吸引到大量的人气，取得良好的运营效果。

10.5　文艺清新类：发现生活场景的美

"文艺"在如今的网络上已经转化成了一个标签，一提起文艺男青年、文艺女青年，大多数人的脑海中都会有固定的一种形象。而文艺清新类的短视频则旨在从生活的细小处出发，发现生活场景中的美。在针对这类短视频进行运营的时候，要使用另一种方法。

10.5.1　"创意+高格调"是核心

喜欢文艺清新类短视频的用户对于美与艺术是有较高追求的，所以这一类的短视频在运营过程中要以高格调作为其核心。文艺清新类的短视频比较小众，其目标用户也就是喜欢小众文化的人。喜欢小众文化的用户是对自己个性的一种标榜，是为了体现出自己与其他人的不同，所以文艺清新类短视频在运营过程中不能采用过于商业的手法，否则会被目标用户认为太过庸俗，难以获得其喜爱。

图 10-17 的画面截取自短视频《城市的声音》。《城市的声音》是由章程创作的，选取了繁华的城市作为背景，在两分钟内表达了这座城市的声音。该短视频选取的角度是十分富有创意的，摒弃了画面与剧情带给用户的冲击，在短暂的时间里放大了声音能够带给用户的感知。

图 10-17　城市的声音

声音是一种代表，随着城市工作节奏的不断加快，用户的生活也变得越来越繁忙，有许多用户每天奔波在人生的路上，但是却没有时间停下脚步，其眼中只有最终的目标，却忽略了眼前的风景。但是这种生活态度真的是正确的吗？这就是《城市的声音》这部短视频想要带给用户的思考。

《城市的声音》从用户生活中息息相关却往往不会注意的声音入手，既贴近用户生活使其思考，又因为不落于俗套的角度选取而显得新颖。再加上整个短视频中画面柔和的切换和滤镜的选取，营造出了一种高格调的氛围，自然会被热爱小众文化的用户所推崇。

除了《城市的声音》这种微电影类短视频，影视剧混剪中的文艺清新类短视频也非常受该用户群体的喜爱。混剪指的是剪辑者选取一部或者多部的影视剧作品中的台词画面，配上自己选取的背景音乐，进行二次创作后完成的作品。这一类短视频中体现的是剪辑者对于美的见解，是一个与用户通过短视频交流的方法。

影视剧混剪类短视频的质量要根据剪辑者的手法以及画面音乐的契合程度来决定。想要达成文艺清新的表现效果，就要使用较为舒缓的背景音乐。用户在观看影视剧混剪的时候得到的是一种自己喜爱的影片被别人认同的满足感，所以越是小众的影片为其带来的满足也就越强烈。但是制作者为了保证能够最大限度上满足最多用户的需求，可以采取高人气与小众影视剧交叉使用的方法。

文艺清新类的短视频由于其题材的限制，或许最初的受众群体会比较窄，但是同样也由于这个小众的特点，被该短视频吸引而来的用户天然地就会产生一种专属的感觉，这样的感觉促使用户对于短视频团队自然地就会长期关注，很容易地就转化成了死忠用户。从运营上来考虑，文艺清新类的短视频虽然推广的受众面小，但是效果却非常好。

10.5.2　二更：传达优美写实的情怀

二更是一个短视频平台，其从身边的人或事入手，以优美的手法展现曾经被用户忽略了的身边的真实的事件。图 10-18 所示是二更目前的一些相关数据，从数据总量来看，作为一个文艺清新类短视频平台，二更取得的成就可谓是非常惊人了。二更的成功是源于其在运营方面的不断改变与创新（见图 10-19）。

4329 部
累计发行作品

258 亿
累计播放数量

320 家
合作媒体渠道

10000 + 名
专业创作人加入

图 10-18　二更数据成果

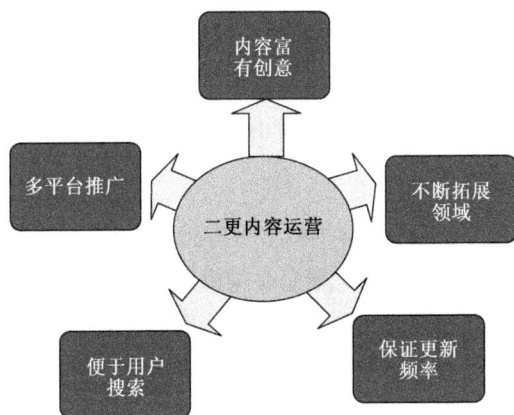

图 10-19　二更内容运营

1. 内容富有创意

二更这个平台上的短视频与一般平台不同，其并不包含一些热门的搞笑元素。虽然其上的短视频也是以人和事件为主的，但是选取的对象都是从用户身边容易被忽视的角落入手，以微纪录片的形式展现出来。

二更上的微纪录片往往与身边看似不起眼的一些人物相关，街边小店的店主、在街上擦肩而过的老人，他们中的每一个都有着自己独特的故事，而二更的目的就是将这些故事向用户展现出来。这是用户从来没有思考过的，对于身边偶然碰到的人，用户往往不会加以了解，所以当用户在这些微纪录片里看到那些人的故事的时候才会更加被触动。

内容的创意并不意味着必须要在拍摄手法或者剧情编纂上多么有创新，更多的是要有一个独特的切入角度，注意到其他人发现不了的事情，并将其拍摄编辑完成后呈献给用户。这样完成的内容才能让用户感觉到团队的用心。

2. 不断拓展领域

二更最初的建立是以拍摄微纪录片作为根基的，但是随着平台的不断发展，也开始涉猎其他领域。截止到 2018 年 1 月，该平台已经设立了二更文化、二更娱乐、二更生活、二更财经四个主频道，每个主频道下面还分设多个小的栏目，力图能够从方方面面满足用户的需求。

二更做出这样的决定是源于一个类型的短视频能够吸引而来的用户是迟早要达到饱和的。而二更对于领域的不断拓展则可以保证目标用户群体的不断扩大，从而使得更多的用户被吸引而来。由于多领域共同发展，二更在部分需求的用户产生变动的时候所受到的冲击也较小，于是发展前景也就更加稳定。

3. 保证更新频率

在当今的网络当中，各种新鲜的网络事物层出不穷，淘汰速度也是一样地快，如果长时间不推出新的短视频，无疑是会被用户抛之脑后的。短视频更新频率的稳定可以保证账号的活跃，避免被用户遗忘，真正在用户群体中站稳脚跟，获得一席之地。而二更正是由于有专业的团队来负责运营，所以每天都能定时更新大量的视频。

在短视频稳定更新的基础上，用户就可以对于每天定时查看二更的更新养成习惯，因此就保证了用户群体结构的稳定，不容易发生大面积流失用户的局面；而且保证更新频率也可以使得用户产生信任感，将团队与用户之间的距离在很大程度上拉近，从而使得用户对二更产生感情，转化为忠实用户。

4. 便于用户搜索

搜索引擎在进行信息的抓取的时候会参考网站的活跃度，二更每天不止更新一个短视频，于是搜索引擎在判定的时候自然就认为其非常地活跃，从而当用户使用关键字搜索的时候就会在较为前面的位置显示结果，这就加强了用户点进该视频的可能性，从而起到很好的运营推广效果。

由于二更平台的视频总量大，所以覆盖的关键字也非常广泛，用户在搜索相关字词并且根据搜索引擎给出的结果点进该短视频之后，有很大的概率会因此而在二更的平台上寻找更多的同类短视频，从而就使得用户留在了平台，增加了平台的活跃性，并因此反作用于搜索引擎，不断增加活跃度，形成良性循环。

5. 多平台推广

二更短视频是从微信公众号开始进行运营的，在取得了一定的成果之后，二更就开始了线上线下多渠道共同推广的运营策略。不管是微博、微信这种社交平台还是今日头条等头条号,二更都在其上进行短视频投放。二更通过这种多方位共同运营的方法,很快就获取了一大批"粉丝"。

二更在多个渠道中共同运营,还可以根据每个平台上用户的不同需求进行短视频投放的筛选,在极短的时间内收集到庞大的目标用户的相关数据,然后进行分析与整理,从而快速根据用户的反馈调整自己的短视频内容以及运营方法,并且还可以根据不同平台的特性来采用不同的方法,与用户之间加强互动,建立感情,起到良好的推广效果。

像二更这种致力于文艺清新类短视频的团队,其最关键的部分就是内容,在有了好内容的基础上再进行运营,通过与各大平台的合作,和用户构建良好的关系,从而不断增加曝光率以及关注度,这样才能取得最好的运营效果。

10.6 实用技能类:提供"干货"才是王道

实用技能类的短视频在各大平台上是非常受用户所欢迎的,在短短的几分钟内就可以学到一个可以使生活变得便捷的小窍门,这是用户所乐意见到的。在对此类短视频进行运营的时候,一定要抓住用户的心理,为其提供"干货",只有这样才能得到用户的认可,从而获得良好的效果。

10.6.1 打造系列技能 IP

实用技能类的短视频由于其每个技能之间往往没有直接的联系,所以团队在制作此类短视频的时候一定要注意风格上的独特性。有辨识度的短视频风格可以帮助其形成一个系列 IP,不断加强用户的记忆,使其留下深刻的印象。常见的实用技能类短视频分为两种:生活小技能与软件小技能。

一、生活小技能

生活中的小技能都是取材于生活中的方方面面,虽然对于用户的吸引力较大，但是被其他短视频团队模仿或者超越的风险也较大。团队在打造独特的短视频风格的时候，可以参照以下几种方法，如图 10-20 所示。

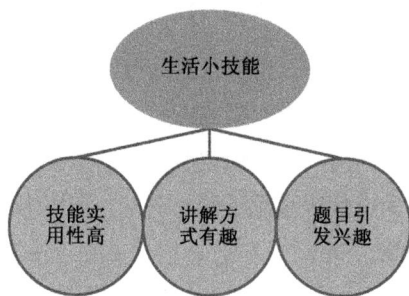

图 10-20　生活小技能

1. 技能实用性高

在制作生活小技能类短视频的时候，团队必须注意对于技能种类的选取。该技能必须与日常生活非常贴近，并且确实能够为生活带来便利。如果用户在看过整个短视频之后觉得并没有起到什么作用，那么其无疑是一个失败的作品了。用户在点开短视频前抱有一定的期望，如果使其失望就很难留住该用户了。

生活的构成是非常复杂的，不同的用户在生活中会遇到不同的麻烦。团队在制作系列生活小技能短视频前，需要先收集、整理、分析数据，确定下自己的目标群体，以及处于该目标群体的用户在生活上有怎样的困难，然后再根据此量身打造，完成短视频作品，这样才能真正解决用户的问题，使其感觉有足够的实用性，形成良好的效果。

2. 讲解方式有趣

一般生活技能讲解的部分由于有一定的专业性，所以往往比较枯燥，使得观众感到无趣，难以专注地观看。为了能够更好地引起用户的兴趣，增加曝光度，短视频团队在制作过程应该采用较为有趣的讲解方式，从而调动起用户的积极性。

在讲解方式上可以采用夸张的方法表现操作失误所带来的后果。用户在短视频当中看到这样的画面往往会觉得非常有趣，并且在了解到失误的后果后，在看具体操作过程时也会更加地专注，从而起到更好的指导作用。讲解者的选取也可以多采用高颜值的人，高颜值可以使得用户在观看视频的同时，得到美的享受这一附加价值，能够更好地吸引到用户。

3. 题目引发兴趣

短视频标题的选用是非常重要的，标题是用户最先看到的部分，一个好的标题可以快速吸引用户的注意，从而使其产生观看该短视频的欲望。在标题的选用上要尽量生动，并且对短视频内容高度总结。

此类短视频的标题应该越具体越好，例如"勺子的妙用"就不如"勺子的 8 种妙用"来得更加直观。数字的增加可以使得标题变得更有说服力，使得用户更加愿意观看。在题目对该技能的描述上，应该更注重过程而不是结果。用户观看生活技能类短视频就是为了解决其遇到的麻烦，题目标明结果可以使其更易于搜索，也会给用户带来更直观的感受。题目的选用还应该避免使用太过于专业的词语，用户往往不是专业人士，从专业角度来进行描述会使其难以理解。

二、软件小技能

随着电脑在办公领域作用的不断增强，软件小技能也成了用户经常在网上搜索的一种实用技能短视频的类型。无论是 Word、Excel、PPT 还是 PS，网上都有许多相关的教程，但是由于这些教程往往都比较长，对于在工作中遇到问题需要处理的用户而言并不及时，所以软件小技能类的短视频就受到了这些用户的欢迎。想要打造出该类短视频的系列 IP，有几个技巧，如图 10-21 所示。

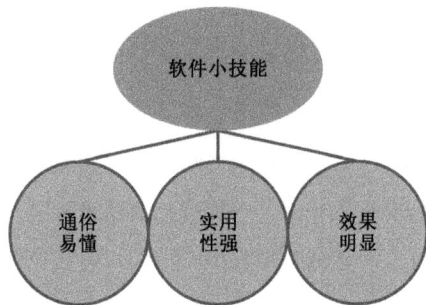

图 10-21　软件小技能

1. 通俗易懂

大多数搜索软件小技能类短视频的用户在对于该软件的使用方面都是初学

者或者不太擅长，所以该短视频内容的编排一定要通俗易懂，做到即便是新手用户，也能根据该短视频顺利地解决问题。

想要达到这一点，该短视频中的步骤过程一定要非常详细。步骤过程详细对于新手用户而言才有指导性作用，如果有跳步或者步骤不清的情况发生，新手用户很可能无法顺利地跟着一步一步地解决自己的问题，达不到好的效果。在关键的步骤上，短视频的节奏也应该适当地放慢。一方面使得新手用户能够观看得更加清晰，另一方面也是对此步骤较为关键的一个提示，可以起到更好的指导性作用。

2. 实用性强

各大办公软件的功能强大，种类也非常多。但是大多数用户在办公实践过程当中并不会用到全部的功能。制作软件小技能类短视频的团队在这一问题上应该加强前期的调查，去各大软件网站上调查用户最常遇到的问题是什么，然后再有针对性地制作短视频解决该问题。此类短视频的实用性是非常重要的。

有实用性的短视频在发布到平台上之后才能切实解决用户在工作中遇到的困难，从而使该用户进行转载和分享，以起到传播的作用。如果该短视频不够实用的话，很可能在发布后也无人问津，得不到用户的关注，从而难以吸引到用户。

3. 效果明显

软件小技能类短视频虽然需要注重实用性，但是出于对用户观看体验的考虑，其仍需要有一定的美观度，这样才能形成个人风格，从而打造出一个系列 IP。该类短视频最终的效果往往比较严肃沉闷，难以引起用户的长期关注，团队想要改善这一问题不妨考虑加强效果的特效，起到强调的作用。

对于实用技能类短视频想要打造出系列 IP，其根本就是要形成团队的风格，令用户在观看的时候能够一眼辨识出。在短视频编辑的时候也要注意在过程中巧妙地加入团队的 LOGO，一方面加深用户的记忆，另一方面也是为了避免被他人盗用，产生本不必要的纠纷。

10.6.2 罐头视频：获取多场景技能

罐头视频是由其 CEO 刘娅楠创办的一个专注制作实用技能类短视频的团队，

以其实用性和趣味性兼备而深受广大用户的喜爱。发现研究能够使生活变得高效的技能本就是刘娅楠的爱好，而随着创业想法的产生，她最终将兴趣爱好变成了自己的工作。图 10-22 是罐头视频中深受用户喜爱的一些短视频。

图 10-22　罐头视频

罐头视频在经过一段时间的研究后才最终确立了自己制作短视频的方向，在这个过程中团队使用了许多好的运营方法，来对其短视频进行推广，最终在成立一个月后就拿到天使轮百万融资。下面就来介绍一些罐头视频使用过的运营策略，如图 10-23 所示。

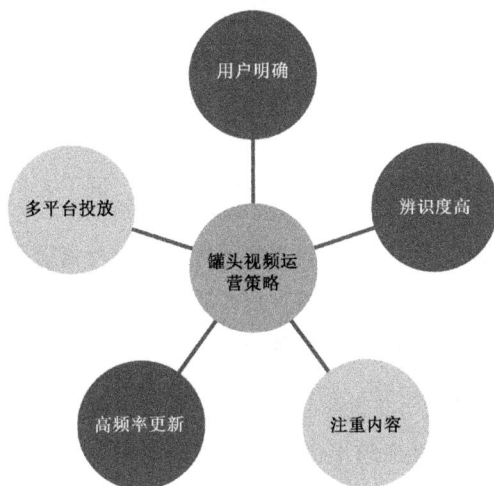

图 10-23　罐头视频运营策略

1. 用户明确

马斯洛需求层次模型将人们的需求归纳为五类：生理需求、安全需求、社会需求、尊重需求和自我实现需求，罐头视频运营想要抓住用户的"痛点"，就要满足用户的这五类需求。从这五个角度出发，通过种种数据的收集研究，在筛选掉不合理的用户需求后，挖掘出了目标群体用户的真实需求。

如图 10-24 所示，罐头视频的用户大多在 18～30 岁，并且是接受过良好教育的年轻女性。这一部分的用户对于日常生活的品质有较高的追求，并且也愿意为此而付出行动。罐头视频正是抓住了这一点而推出了能够满足这些用户真实需求的短视频。

图 10-24　罐头视频用户

罐头视频的拍摄往往都比较注意场景的营造，令用户在学到一个生活技巧的同时还能得到美的享受，并且罐头视频在技能的选择上也多以美食、家居为主，符合这一部分用户的需要。这一部分用户在对生活品质有较高追求的同时，也愿意为其进行消费，所以罐头视频在制作过程中也着重考虑了这一特性。

2. 辨识度高

罐头视频之所以能够从众多同类短视频中脱颖而出，就要归功于其高辨识度。罐头视频与一般的实用技能类短视频不同，其逆行其道，以快节奏的方式形成了独特的短视频风格。为了做到这一点，罐头视频往往采用节奏较快的背景音乐，使得用户可以在轻松的氛围下快速学习到一个实用技能。

除此之外，罐头视频还注重对品牌形象的营造。罐头视频的员工就是出现在短视频中的"网红"，其选取的出镜者与其他短视频不同，最具代表性的"罐头妹"只是一个清秀的小姑娘，和通常妆容精致、衣着得当的"网红"截然不同。"罐头妹"自带一种亲和力的气场，使得用户一看到就心生亲切，于是就愿意长期关注，从而增加了用户的黏性，使其转化为忠实用户。

3. 注重内容

罐头视频将内容的打造作为重中之重。其场景的选择在贴近生活的同时也经过了精心的安排，使得用户在观看的时候能够获得好的体验。并且罐头视频从生活中出发，选取了最实用的技能推荐给用户，贴心自然。内容就是罐头视频的产品，所以即使是广告植入，罐头视频也尽量使用富有创意的方法，使得广告商品自然地融入视频当中，避免用户产生违和感。

罐头视频经常使用"几分钟学会一个某某技能"这种格式的标题。标题作为内容中最先令观众看到的一部分，这样的标题很容易就能引起观众兴趣，从而增加观众点进来观看的概率，增加了热度。

4. 高频率更新

罐头视频下设美食、手工、社交、宠物、男性领域这五个短视频栏目，由于每一期的时长控制得较短，罐头视频可以每周更新 6 次。这样的高更新频率可以快速吸引来大批的观众，并且使得这批观众能够养成定时来观看短视频的习惯，增加了用户的黏性，避免其大规模地流失，构建了一个稳定的团队与用户之间的关系，使得发展更加容易。

5. 多平台投放

如图 10-25 所示，罐头视频在多家社交平台、视频门户平台上进行同步的投放，这样就在很大程度上增强了其用户的涵盖层面，可以吸引到有使用不同平台习惯的用户，使得用户群体构成更加系统。

图 10-25　罐头视频投放平台

罐头视频在众多平台上同时进行投放，可以对不同平台的用户进行快速地筛选提炼，选出最有发展可能的种子用户。并且这种广泛投放的行为还可以最大限度降低运营的风险，做到对不同用户的深入挖掘，从而增加该用户对于罐头视频的感情，拉近双方的距离，以达到最好的运营推广效果。

10.7 时尚美妆类：让用户变得更美

时尚美妆类短视频所针对的目标用户群体，大多是一些对美有追求与向往的女性。这些用户选择观看该短视频就是为了能够从中学习到一些实践技巧来帮助自己变美，所以对于该短视频制作者的审美以及潮流意识，用户有很高的要求。

10.7.1 紧跟潮流，提供时尚新观点

时尚是会随着时间而不断变化的，因此时尚美妆类短视频的制作团队也必须不断地学习，紧跟时代的潮流，否则就会被其他短视频团队代替，被用户抛之脑后。并且团队提供的短视频还必须不同于其他，要有自己的观点与见解，这样才能让用户在观看后觉得无可替代，从而转化成"粉丝"。

每个用户对于时尚有自己不同的观点，所以作为时尚美妆类短视频的制作者，不能强行将自己的观点灌输给用户，要通过短视频内容的安排，潜移默化地将自己对于时尚的理解传达给用户，这样才能更容易地被用户所接受。

时尚分为很多种类，往往一个短视频制作者都仅专注某一个方向，并且对其加以研究。由于时尚领域的这种复杂性，制作者需要在开始录制短视频之前进行大量的前期研究，这样完成的作品才能让用户觉得专业，从而产生信任感。常见的时尚类短视频分为当季流行讲解与个人穿搭分享。

当季流行讲解类短视频的制作者需要对服装饰品的流行元素以及原理有相当程度上的了解，对于不同的常见品牌都要有一定的了解，这样才能全方位地对流行进行解析，让用户最全面地进行了解。

有许多时尚品牌都会与这一类知名的"网红"短视频制作者进行合作，通过

这种运营渠道来进行品牌的推广。制作者想要完成这种推广就要花时间做功课，对该品牌有足够的了解，这样才能将短视频内容本身就变成广告的一部分，而不是在其中生硬地插入广告，从而招致用户的反感。

个人穿搭类短视频与当季流行讲解类不同，其目的更多的是传递自己的穿搭心得，而不是介绍品牌。个人穿搭类短视频根据制作者财力的不同，往往服装的价位也不同，这样用户就可以根据自己的经济情况来对其进行选择。所以制作者在做前期准备的时候就需要考虑目标用户的经济水平，从而确定服装饰品的价位。

随着短视频领域发展的日趋成熟，现在个人穿搭类短视频的制作者也不再像过去一般仅仅是颜值身材皆佳的所谓"网红"，也有越来越多贴近生活的普通人开始根据自己的心得体会来制作个人穿搭分享。这样的制作者更贴近普通用户，从而使得用户产生亲切感，该短视频在推广起来的时候也变得更加容易。

美妆类短视频的兴起体现了用户对于美的一种强烈追求的心理。每个人的样貌是天生的，如果有不满意的地方，只能通过后天手段来进行改善，而化妆则是其中风险较小、易于操作的那种。而且对于用户而言，美妆类短视频可以在极短的观看时间内就起到良好的效果，深受其青睐。如图 10-26 所示，美妆类短视频往往分为三种：测评类、技巧类、仿妆类。

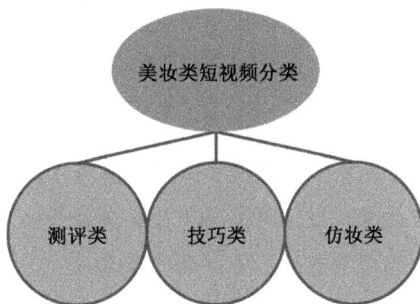

图 10-26　美妆类短视频分类

1. 测评类

如图 10-27 所示，测评类美妆短视频往往由制作者将同类的美妆产品一起进行使用测试，然后根据每个商品的不同特性进行评价，分析出其利弊，以及对于性价比较高的产品进行推荐，给予对美妆产品了解较少、在同类商品的选取上犹豫不决的用户一定的建议。

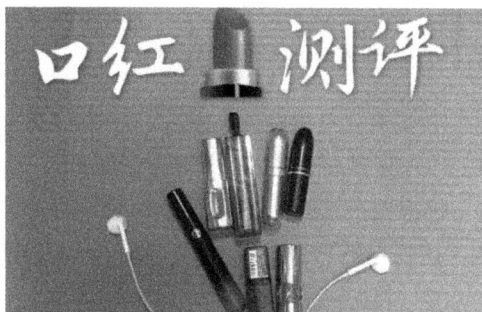

图 10-27　测评类美妆短视频

测评类美妆短视频除了可以给予用户建议以外,还可以帮助用户节省时间。同类美妆产品种类繁多,如果一一进行尝试后再确定购买哪种无疑会消耗用户大量的时间,而美妆类短视频制作者就可以帮助其进行一轮测试,使得用户可以从短视频中直观地看到不同产品的效果,从而直接根据结果来选择最适合自己的产品。

2. 技巧类

技巧类的美妆短视频是最受化妆初学者,或者是想要提高自己化妆技巧的用户欢迎的。对于此类短视频,制作者必须要着重展示每一步骤是如何进行的,这样才能使得用户觉得可以从中真正学习到技巧,然后才会分享给自己的亲朋,从而使其快速传播,增强推广效果。

PONY 是韩国的一个知名技巧类美妆短视频制作者,由于他具有高超的化妆技巧,深受广大用户的喜爱。并且他还在一直不断地进步与创新,于是始终保持着用户的关注热度,从而起到良好的运营推广效果。

美妆短视频变现的方法有两种:与品牌合作与开创新品牌。PONY 早期经常与一些化妆品品牌进行合作,针对其化妆品的特点进行妆容的设计,既让用户从中学习到手法,又成功对品牌进行了推广。PONY 后来还创办了自己的美妆品牌,如图 10-28 所示,真正做到了线上线下共同发展,顺利变现。

图 10-28　PONY 美妆品牌

技巧类美妆短视频除了要有一定的手法以外，还需要具备一定的创意，这样才能在日益红火的短视频领域内脱颖而出。Lisa Eldridge 是兰蔻全球彩妆创意总监，之前她发布了一个名为"见前男友妆"的短视频，在用户群体中获得了很大的讨论度。

美妆产品的用户对象大多是女性，而女性用户群体中对于"前男友"这个话题是本就有很高的讨论度的，Lisa Eldridge 借用这个主题进行妆容的设计，自然而然地就吸引到了这一部分用户的注意，从而起到了快速推广的作用，甚至无须与其他平台进行合作，这些平台就会因为该短视频的话题度主动参与进来，将运营效果做到最好。

为技巧类美妆短视频选取一个主题可以借助其原有的讨论度来进行运营推广，使得这种技巧教学类短视频有更加深刻的含义。包括之前在各大短视频平台热议的"帮男朋友化妆"系列短视频，都是以一种搞笑的手法来进行制作，从而使得用户在观看的时候能获得更加特别的体验。

3. 仿妆类

仿妆类短视频是在具备了一定化妆技巧后的一种升级尝试，化妆师按照某个明星的样子为自己进行化妆，然后制作短视频放出，使得用户在观看后感到极大的震撼。化妆师本人与明星相似度越低，妆容完成后越像，最后所起到的效果也就越好。

仿妆类美妆短视频在运营推广时选择的对象，除了本身对美妆感兴趣的用户之外，还加入了该明星的"粉丝"。往往由于明星"粉丝"基数较大，转发分享推广的能力也较强，短视频制作者凭借明星这个自带流量的话题，很轻易就可以在"粉丝"之间取得好感，从而将这些"粉丝"转化为潜在用户，为短视频运营提供了很大的便利。

时尚美妆类短视频制作者在发布短视频的时候，要注重多渠道的分发，这样才能将不同平台上的目标用户全都最大限度地吸引而来，以最快的速度进行用户积累；并且在获得了一批用户之后还要加强与用户的互动，及时并耐心地解答用户提出的问题，这样才能不断加深用户的黏着力，使得用户构成更加稳固。

除此之外还要注意更新频率，高频率更新、多方位地推出有创意的短视频才不会被其他时尚美妆类短视频制作者所取代。单一的时尚美妆内容很容易引起用户的审美疲劳，造成用户流失，针对这个问题，制作者还可以尝试制作综合类的时尚美妆短视频，这样可以不断翻新形式，从而保证用户的活跃度。

10.7.2　本末测评：扒一扒"网红"的穿衣

随着"网红"经济日益走向专业化，有许多知名"网红"在网上做起了电商。但是由于市场监管在这一领域还没能形成完整的规章制度，所以此类电商中有很多都存在着虚假以及产品质量不合格等问题，这使得用户无法在网络中安心消费。而本末测评就是一个针对"网红"服装店进行测评的系列短视频。

本末测评（见图 10-29）是由许亚军创立的一个针对"网红"服装店进行测评的短视频账号，每期短视频都以搞笑的方式来完成当期主题的测评与尝试，一经推出就深受广大用户的欢迎及喜爱，图 10-30 所示就是其能够取得如此成功的原因。

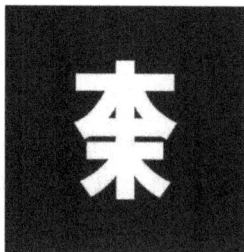

图 10-29　本末测评

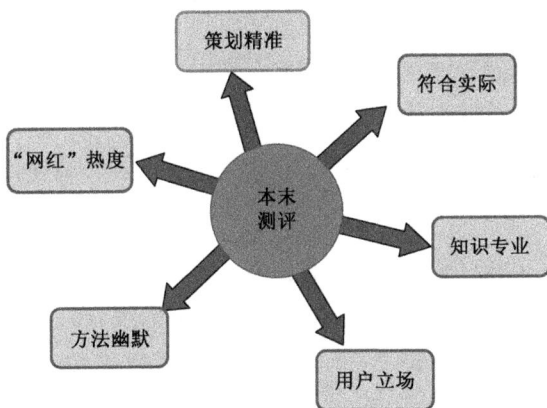

图 10-30　本末测评

1. 策划精准

本末测评在策划阶段对于用户的选取是非常精准的。随着网络社会的不断发展，各大电商已经成为用户最常光顾的商家，在存在巨大利益的同时，也存在着一定的风险。"网红"店铺更是其中市场占有比重非常大的一块。用户出于对"网红"个人的信任，往往在购买前也没有加以仔细研究，这就使得其中存在很大的购物失败的风险。

而本末测评就是从这一角度入手，弥补了时尚美妆类短视频领域中这一空白，以夸张的方式来表现出各大"网红"店铺的服装的真实质量，瞄准了有此项需求的广大用户群体，一经投放就获得了极大的反响。

2. 符合实际

电商是一个较新的领域，目前在监管问题上还没能做到完全到位，由于如今网络中"网红"店铺基数较大，其中质量又良莠不齐，盲目相信"网红"担保的用户很容易买到假冒伪劣产品。虽然有这样的情况存在，但并不是所有的"网红"店铺都存在这样的问题，而对于用户而言，作为一个普通的消费者，却又并没有辨别优劣的能力。

本末测评的诞生就基于这样的一个背景之下，对于"网红"服装的质量，本末测评通过购买测试后整理结果形成评论，从实际角度解决了用户的这个问题，帮助用户能更好地选取价格质量相符合的产品，从而获得用户的支持。

3. 知识专业

本末测评的创始人许亚军，本身曾经从业于专业的服装厂，还曾经做过"网红"公司的经纪人，无论是在服装领域还是"网红"领域，他都具备一定的专业知识，可以从科学的角度进行评判，从而使得本末测评最终得出的结果有据可依，增加信任度，减少用户的怀疑。

从用户来讲，对于"网红"普遍都抱有一种好奇心理，本末测评正是抓住了这个心理进行短视频内容的制作，从而使得用户的需求得到满足，将普通用户转化为忠实用户，不断进行稳固的用户基础累计，制造宣传点，便于进行运营推广。

4. 用户立场

本末测评之所以能获得用户的喜爱，是因为团队是站在用户的立场上来进行短视频制作的。大多数的时尚美妆类短视频都是从商家的角度来向用户展示商品的优点以及使用后的效果的，而本末测评则反其道而行之，以用户的角度来进行"网红"服装的购买与试穿，使得其与用户之间的距离大大拉近，使得用户产生共鸣，更容易变成死忠用户。

5. 方法幽默

本末测评由许亚军为模特来进行"网红"服装的试穿，但是由于大多数"网红"服装店所针对的用户群体都是女性，上架的商品也大多是女装，许亚军试穿的效果往往比较滑稽，这就使得其短视频天然地带有了幽默色彩，使得用户在观看的时候觉得比较有趣。

而且许亚军在进行测评的时候往往也会使用比较夸张的描述方法，以搞笑的形式来展现服装带给他的感觉，从而使得短视频的节奏较快，在较短的时间内就可以测评多件衣服。用户在短时间内以搞笑的方式接受了大量信息，也会观看得更加认真，从而推荐给自己的朋友，扩大用户群体覆盖面。

6. "网红"热度

"网红"作为网络上非常有影响力的一批人，每个都自带大量的"粉丝"及话题讨论度。本末测评对于这些"网红"的服装店无论是批评还是肯定，都必然会在"粉丝"群体之中造成较大的影响，吸引其"粉丝"前来观看并发表自己的看法。

尤其是本末测评对许多"网红"所售卖的服装质量是持有否定态度的，这就会招致其"粉丝"的不满，于是前来留言，从而引发了本末测评的用户与"网红""粉丝"进行讨论，这样就在极短的时间内获得了很大的讨论度，引起其他用户的好奇心，从而吸引这些用户前来观看，符合传播理论的要求，在网络平台上造成了很大的影响。

除此之外，本末视频还在微博、B 站等多个不同类型的平台上保持着一定的更新频率，这样就扩大了用户目标人群，最大程度上吸引不同平台上的用户前来观看，并使其养成一定的观看习惯，从而形成了稳固的用户受众群体，为推广带来了极大的便利，减少了运营过程中可能遇到的问题。

图书在版编目（CIP）数据

短视频：内容设计+营销推广+流量变现 / 向登付著．—北京：电子工业出版社，2018.9
（数字化生活·新趋势）

ISBN 978-7-121-34661-3

Ⅰ．①短… Ⅱ．①向… Ⅲ．①视频—营销 Ⅳ．①F713.3

中国版本图书馆 CIP 数据核字（2018）第 141750 号

策划编辑：周　林（zhoulin@phei.com.cn）
责任编辑：周　林　　特约编辑：徐学锋
印　　刷：河北虎彩印刷有限公司
装　　订：河北虎彩印刷有限公司
出版发行：电子工业出版社
　　　　　北京市海淀区万寿路 173 信箱　邮编：100036
开　　本：720×1000　1/16　印张：14.25　字数：228 千字
版　　次：2018 年 9 月第 1 版
印　　次：2025 年 8 月第 8 次印刷
定　　价：58.00 元

凡所购买电子工业出版社图书有缺损问题，请向购买书店调换。若书店售缺，请与
本社发行部联系，联系及邮购电话：（010）88254888，88258888。

质量投诉请发邮件至 zlts@phei.com.cn，盗版侵权举报请发邮件至 dbqq@phei.com.cn。

本书咨询联系方式：25305573（QQ）。